Liebe Leserin, lieber Leser,

attraktive Bücher über Bayerisch Schwaben als Ganzes gibt es nicht allzu viele. Die Gründe dafür lassen sich wohl nur schwer enträtseln. Sicherlich spielt eine Rolle, dass es nicht leicht ist, für Schwaben angesichts seiner naturräumlichen Gliederung und seiner Geschichte vor allem bis zur Gründung des Königreichs Bayern ein stimmiges Gesamtbild zu zeichnen. Das bekannte Wort vom »schwäbischen Flecklesteppich« ist nicht ohne Grund geprägt worden. Und wahrscheinlich hängt dies auch damit zusammen, dass die Schwaben bei allem Stolz auf das, was sie und ihre Vorfahren geschaffen haben, zur Zurückhaltung neigen und im übrigen ohnehin nur ungern ihr Inneres nach Außen kehren.

Mit dem vorliegenden Buch ist es geglückt, dieses »schwierige« Gesamtbild sehr eindrucksvoll und anschaulich zu vermitteln. Es ist ein interessantes Kaleidoskop von Landschaft, Geschichte und Kultur, von Menschen und ihren Schicksalen in dem Land zwischen Bodensee und Ries, dem Wittelsbacher Kernland und dem Illerwinkel. Die bekannten Attraktionen sind aufgeführt, gleichzeitig aber auch die eher verborgenen Schönheiten nicht übersehen. Schließlich ist es ein aussagekräftiger Spiegel des liebenswerten Charakters von Land und Leuten in dieser Region.

Es ist eine großartige Aufgabe und reizvolle Herausforderung, für dieses Bayerisch Schwaben tätig sein zu dürfen. Der Regierung von Schwaben obliegt diese Aufgabe in besonderem Maße, und zwar schon seit mehr als 175 Jahren. Sie war und ist die zentrale staatliche Verwaltungsbehörde für den bayerisch-schwäbischen [illegible] donaukreis«, v[illegible] Schwaben und Neuburg« und seit 1939 für den »Regierungsbezirk Schwaben«.

Die Aufgaben der Regierung von Schwaben haben sich im Laufe dieser langen Zeit natürlich mehrfach geändert. In ihrer Grundstruktur waren sie jedoch schon immer so gestaltet, wie sie dies auch heute noch sind. Die Regierung ist die staatliche Mittelbehörde zwischen den Ministerien auf der einen und den vier kreisfreien Städten, den zehn Landratsämtern sowie den zahlreichen nachgeordneten Fachbehörden auf der anderen Seite. Zuständigkeiten und Kompetenzen aus nahezu allen Bereichen der Staatsverwaltung sind bei ihr gebündelt. Sie hat – von den anderen bayerischen Bezirksregierungen abgesehen – damit ein so breites Aufgabenfeld wie keine andere Behörde in Bayern.

Bei all ihren Entscheidungen, die sie für die verschiedenen Ebenen der Verwaltung zu treffen hat, muss sie einerseits den Anforderungen unserer heutigen modernen Zeit Rechnung tragen, andererseits aber auch stets darauf bedacht sein, die Schönheiten unserer vielfältigen Landschaft, die kulturellen Gegebenheiten und nicht zuletzt die geschichtlichen Zusammenhänge angemessen zu berücksichtigen. In diesem Sinn unsere Aufgaben zu erfüllen, ist für uns eine besondere Verpflichtung. Unser Ziel ist es, daran mitzuwirken, dass der Regierungsbezirk Schwaben den Anforderungen des 21. Jahrhunderts gewachsen ist, aber auch unser Bayerisch Schwaben lebens- und liebenswert bleibt.

Augsburg, im Mai 2003

Ludwig Schmid
Regierungspräsident

Inhalt

Die Iller hat bei Altusried die Schotter der Endmoränen durchschnitten und sich in die tertiären Sande eingesägt. Einzelne Bauernhöfe inmitten des Grünlandes prägen das Landschaftsbild.

NATURRAUM UND KULTURLANDSCHAFT

Schwaben wird gern mit einem bunten Flecklesteppich verglichen, dem vielfältigen Produkt der schwäbischen Hausweber. Der Vergleich gilt in erster Linie für das buntscheckige Mosaik aus fürstlichen, gräflichen, reichsstädtischen, klösterlichen und ritterschaftlichen Hoheitsgebieten verschiedener Größe und unterschiedlichen Ranges, das jahrhundertelang die politische Landkarte bestimmte. Er trifft ebenso zu für die Vielfalt der Naturräume und Landschaften, die diesen Raum zwischen Iller und Lech, Ries und Bodensee geografisch gliedern und prägen.

Dabei sind die Wechselbeziehungen und Wirkungszusammenhänge zwischen Natur und Kultur nicht zu übersehen. »Wie der Ökologe das Schneckenhaus nicht außer Acht lassen kann, wenn er die Lebensweise der Schnecke verstehen will, so wird man die menschliche Gesellschaft und ihre geschichtliche Entwicklung nicht begreifen, wenn man sie nicht in Verbindung mit der Landschaft sieht«. Diese Erkenntnis der Geographie hat auch für Schwaben seine Gültigkeit.

Relief und geologischer Untergrund, Klima und Gewässer, Boden und Vegetation haben im Laufe der Geschichte den Werdegang und das Maß der Besiedlung, die Art der agrarischen Nutzung, die Bauweise, das Gewerbe, das Wachstum der Dörfer und Städte entscheidend beeinflusst. Neben der Eignung und Nutzbarkeit der Natur spielten dabei stets die Ziele und Ansprüche, welche die Menschen im Rahmen der politischen Ordnung und des wirtschaftlichen Geschehens, sowie in steter Abhängigkeit von den technischen Möglichkeiten an den Naturraum stellten, eine wichtige Rolle. Aus dem Beziehungssystem von Natur und Mensch, Raum und Zeit, entwickelte sich jenes vielschichtige Gefüge an Kulturlandschaften, in denen Bauernhöfe und Wiesen, Dörfer und Städte, Schlösser und Klöster ebenso ihren Platz haben, wie Straßen, Einkaufszentren oder Sportanlagen. Jede Kulturlandschaft ist ein Archiv der gesellschaftlichen Entwicklung und ein Speicher der kulturellen Leistungen, die verschiedene Generationen im Lauf der Jahrhunderte hinterlassen haben.

Blick über den östlichen Teil des Riesbeckens auf den östlichen Kraterrand zwischen Oettingen und Ronheim. In der Bildmitte die tafelbergartige Scholle des Rollenbergs, im Vordergrund die Häuser von Großsorheim und die intensiv genutzte Agrarlandschaft (Bild: H. Schmidt-Kaler, in: »Meteoritenkrater Nördlinger Ries«, mit freundlicher Genehmigung des Verlags Dr. Friedrich Pfeil, München).

Die Landschaften in Schwaben – Naturräumliche Vielfalt

Schwaben ist weder eine geographische Raumeinheit noch ein historisch einheitlich geprägter Kulturraum. Die geographische Ausdehnung und die heutigen Grenzen sind vielmehr das Ergebnis geschichtlicher Entwicklungen und politisch-administrativer Entscheidungen ohne Rücksicht auf alte Stammes- oder Sprachgrenzen. Die äußere Form entspricht etwa einem schmalen Rechteck. Die längste Erstreckung von Süd nach Nord beträgt ca. 200 km, von West nach Ost misst sie zwischen Iller und Lech im Mittel ca. 50 km. Mit einer Fläche von rund 10.000 km^2 ist Schwaben der drittgrößte, nach der Einwohnerzahl mit etwa 1,78 Mio. hinter Oberbayern der zweitgrößte Regierungsbezirk in Bayern. Neben vier kreisfreien Städten (Augsburg, Kaufbeuren, Kempten, Memmingen) gibt es 334 Gemeinden in 10 Landkreisen und 3 Planungsregionen. Schwaben hat Anteil an drei großen Bauelementen Süddeutschlands: Schichtstufenland im Norden, Alpenvorland in der Mitte und Alpen im Süden. Innerhalb dieser geologisch-tektonisch bestimmten Grundstrukturen lassen sich verschiedene Landschaftsräume klar gegeneinander abgrenzen. Die Gliederung der Landesnatur wirkte sich in vielen Bereichen auf die Entwicklung und Gestaltung der Kulturlandschaft aus.

Das Ries

Als nahezu kreisrundes Becken mit 20 bis 25 km Durchmesser ist das Ries in den Höhenzug der Schwäbisch-Fränkischen Alb eingesenkt. Die Flüsse Eger und Wörnitz und ihre zahlreichen Nebenbäche gliedern das Innere des Rieses in weit gespannte Ebenen und flache Niederungen, die randlich um 50 bis 80 m von einzelnen Erhebungen und Hügelketten überragt werden. Sie tragen vielfach eine artenreiche Vegetation mit Trockenrasen und naturnahen Waldgesellschaften, während die Ebenen von Ackerland und die Niederungen von Wiesen eingenommen werden.

Das ausgeglichene Landschaftsbild lässt nicht erahnen, dass es einer verheerenden Naturkatastrophe, nämlich dem Einschlag eines riesigen Steinmeteoriten seine Entstehung verdankt. An zahlreichen Stellen treten Granit- und Gneisgesteine an der Erdoberfläche auf, die normalerweise in 600 m Tiefe als kristallines Grundgebirge vorkommen. Das anstehende, oberflächlich zugängliche Gesteinsmaterial ist vielfach stark zerrüttet, an vielen Stellen ist der ursprüngliche Schichtverband der Gesteine gestört. Ablagerungen aus den Perioden vom Erdmittelalter bis zum Tertiär lagern am Riesrand über jüngeren Gesteinen, vermischt mit groben Blöcken, oft chaotisch durcheinander gemengt zu einem spezifischen Gestein, der sogenannten bunten »Breccie«. Ein einzigartiges Ries-Gestein ist der »Suevit« (Schwabenstein), dessen graue poröse Grundmasse von aufgeschmolzenen glasartigen Bruchstücken durchsetzt ist. Die Ähnlichkeit des Suevits mit den vulkanischen Tuffen galt lange Zeit als Beweis für den vulkanischen Ursprung des Rieskessels.

Die verschiedenen Theorien einer vom Erdinneren her verursachten, also irdischen Bildung, fanden eine überraschende Wende, als man im Suevit Mineralien entdeckte, die nur unter extre-

men Druck- und Temperaturverhältnissen gebildet werden, wie sie beim Aufprall kosmischer Körper auf die Erdoberfläche entstehen. Weitere Untersuchungen lieferten nach und nach die Beweise über den Ablauf des Riesereignisses vor rund 14,6 Millionen Jahren durch eine außerirdische Kraft. Ein Asteroid von ca. 1 km Durchmesser durchdrang in weniger als 2 Sekunden die Erdatmosphäre mit einer Geschwindigkeit von rund 70.000 km/h und bohrte sich beim Einschlag auf die Landoberfläche über 1 km tief in die Gesteinsunterlage ein. Infolge der ungeheuren freigesetzten Energie, die einer Explosionswirkung von ca. 250.000 Atombomben des Hiroshima-Typs entsprach, wurden die Steine sowie der Meteorit zertrümmert, aufgeschmolzen und verdampft. Riesige Gesteinsmassen wurden aus dem Sprengkrater geschleudert und als mächtige Schuttdecke rund um das Ries bis zur Entfernung von 40 km aufgetürmt. Die Hohlform füllte sich mit Wasser, es bildete sich ein seichter See, der allmählich mit Kalk, Sand und Ton aufgefüllt wurde.

Als am Ende der Tertiärzeit weite Teile Süddeutschlands herausgehoben wurden, konnten die Wasserläufe die Landoberfläche zerschneiden, die weichen Seeablagerungen ausräumen und die ehemalige Kraterform wieder freilegen. Harte Rieskalke wurden als Einzelhügel herauspräpariert.

Das ausgehende Eiszeitalter brachte dem Ries schließlich die Lössablagerungen, die in Verbindung mit einem relativ trockenen, sommerwarmen Klima seit Jahrtausenden die landwirtschaftliche Nutzung begünstigen. Zahlreiche Relikte der Vor- und Frühgeschichte bezeugen das hohe Alter und die Kontinuität der Siedlungslandschaft. Dank seiner zentralen Lage hat sich die Reichsstadt Nördlingen zum wirtschaftlichen und kulturellen Zentrum entwickelt. Oettingen und Wallerstein spielten als Residenzorte der Grafen von Oettingen eine wichtige Rolle, Harburg und Wemding erlangten lokale Bedeutung.

Die Schwäbisch-Fränkische Alb

Kargheit und Wasserarmut gelten als Merkmale der Alb, deren Untergrund aus weißgrauen Kalken und Dolomiten der Juraformation aufgebaut ist und die als Höhenzug quer durch Süddeutschland verläuft. Sie besitzt wesentliche Merkmale einer Karstlandschaft, wie Höhlen, Dolinen und Trockentäler, die auf die Wasserdurchlässigkeit und Löslichkeit des Kalkgesteins zurückgehen. Lehmig-sandige Verwitterungsböden und die flächenhaft verbreiteten Auswurfmassen des Rieses haben allerdings die landwirtschaftliche Nutzung begünstigt und eine rege Siedlungstätigkeit gefördert.

Auffallend wasserreich ist der donauseitige Abschnitt, wo die Täler von Egau, Kessel und Ussel und ihre Nebenbäche die Hochfläche zerschnitten und gegliedert haben. Hier herrschen üppige Wiesen vor, während sich auf der nährstoffreichen Lehmdecke die Äcker ausbreiten. Standorte mit geringer Bodenentwicklung sind als Magerrasen für die Schafhaltung geeignet. Wo tertiärzeitliche grobe Sande als Unterlage vorherrschen, haben sich ausgedehnte Waldgebiete erhalten. Das Wörnitztal, das traditionell als Grenze zwischen der Schwäbischen und der Fränkischen Alb gilt, zerteilt in einer 100 m eingeschnittenen Enge die Juratafel und weist eindrucksvolle Felsbildungen auf. Kleine Dörfer und Weiler prägen das Siedlungsbild, die charakteristischen Jura-Häuser sind weitgehend verschwunden.

Fotos: Olav König, Krumbach

1 Graureiher an einem Altwasser der Donau
2 Mindel und 3 Westliche Günz
4 Wildschwein im Landkreis Dillingen
5 Donau mit Auwaldresten zwischen Altisheim und Lechsend
6 Prachtnelke Dianthus superior, Hundsmoor
7 Widderchen Zygaena spp.
8 Trockenheide, Wacholderbüsche auf Jura-Kalk in der Schwäbischen Alb
9 Märzenbecher Leucojum vernum
10 Riednelke im Benninger Ried
11 Grasfrosch Rana temporaria
12 Auenlandschaft im Donaumoos
13 Findlingsblock, Relikt des eiszeitlichen Iller-Gletschers im Kempter Wald
14 Westliche Günz bei Hawangen
15 Gemeine Bachmuschel Unio crassus

Das Donautal

Die Alb senkt sich nach Süden wie eine flach geneigte schiefe Ebene ins Donautal hinab. Weite und Geräumigkeit kennzeichnen den ca. 100 km langen schwäbischen Talabschnitt des europäischen Stromes zwischen der Illermündung bei Neu-Ulm und der Lechmündung bei Marxheim. Die Breite des Tales und die meterdicken Schotterablagerungen im Untergrund sind das Werk kräftiger Schmelzwasserströme, die während der Eiszeiten von den zahlreichen südlichen Nebenflüssen herangeführt wurden. Zeugen einer kräftigen Erosion sind die Schleifen und Schlingen der Altwasserarme sowie die über die ganze Talbreite hin aufgeschütteten Sande und Kiese. Durch Regulierung und Verbauung hat der Fluss seinen Charakter als ungestümer Strom verloren. Das Wasser wurde in ein kanalartiges Gerinne gezwängt und durch Staustufen zur Energiegewinnung genutzt. Mit den technischen Eingriffen hat sich auch der flussbegleitende Auwald verändert. Die grüne Girlande, die einstmals in vier vertikalen Vegetationsstufen von der Bodenschicht über die Kraut- und Strauchschicht bis zur Baumschicht vielfältige Lebensräume für Pflanzen und Tiere umfasste, ist nur noch auf wenigen Abschnitten in ihrer ursprünglichen Form erhalten. Einzelne Altwässer bilden wertvolle ökologische Inseln und dienen als Brut- und Futterplätze für zahllose Vogelarten.

Außerhalb der Auwälder erstreckten sich einst weiträumige Flachmoore, in Schwaben als »Riede« bezeichnet. Sie haben sich überall dort gebildet, wo hoher Grundwasserstand oder Staunässe zur Torfbildung führte. Durch Abtorfung, Entwässerung und Kultivierung wurden sie in den letzten 100 Jahren weitgehend in üppige Wiesen und Weiden umgewandelt. Auf wenigen Restflächen entfaltet sich noch die artenreiche Riedvegetation mit Trollblumen und Orchideen.

Auf lehmbedeckten Schotterplatten haben sich seit dem Mittelalter günstige Standorte für Einzelhöfe und Kleinsiedlungen entwickelt. Zwischen Höchstädt und Donauwörth wurden als Sonderform die Einödsiedlungen der sog. »Schwaigen« auf ehemaligen Donauinseln errichtet. Sie verloren ihren ursprünglichen Charakter als Viehhöfe für Käseproduktion mit der Umwandlung der Viehweiden in Ackerland und wurden zu normalen bäuerlichen Betrieben.

7

10

13

15

11

14

8

9

Foto rechts: Arbeitsgemeinschaft Schwäbisches Donaumoos

12

Eine andersartige, ebenfalls zum Donautal gehörige Landschaft wird durch eine 5 bis 10 m hohe Terrassenkante von der Flussniederung abgetrennt: die Hochterrasse, die auf der Südseite zwischen Fahlheim und Günzburg, auf der Nordseite zwischen Langenau und Donauwörth, ausgebildet ist. Die Lössschichten auf den eiszeitlichen Schotterpaketen machen sie zu einer fruchtbaren Landschaft mit stattlichen Dörfern und intensiver Ackernutzung. Dazwischen reihen sich im Abstand von 5 bis 10 km mit Ulm/Neu-Ulm, Leipheim, Günzburg, Gundelfingen, Lauingen, Dillingen, Höchstädt und Donauwörth mehrere historische Städte aneinander. Der Städtereichtum weist auf die hohe politische Bedeutung dieses Raumes im Mittelalter hin, und er kennzeichnet seine überregionale Handels- und Verkehrsfunktion.

Das Tertiärhügelland östlich des unteren Lechs

Östlich des Lechs hat Schwaben im Landkreis Aichach-Friedberg auch Anteil an der naturräumlichen Einheit des Tertiärhügellandes. Dieses Gebiet wurde weder vom Gletschereis erreicht noch von eiszeitlichen Schottern überlagert. Lediglich am Unterlauf des Lechs treten mit der Aindlinger Terrassentreppe kaltzeitliche Ablagerungen reliefbildend in Erscheinung. Der übrige Teil wird ausschließlich von den Mergeln, Sanden und Kiesen der tertiären Molasse aufgebaut. Zahlreiche Flüsse und Bäche haben den Untergrund zu einem sanftwelligen Hügelland mit weit geschwungenen Höhenzügen, flachen Kuppen und breiten Tälern ausgeformt.

Streckenweise bilden Lössböden gute Voraussetzungen für die Landwirtschaft. Der Wald ist meist auf die Höhenrücken beschränkt. Wo grobe Quarzsande den Untergrund bilden, haben sich ausgedehnte Fichten- und Föhrenbestände entwickelt. Die ständig wechselnde, relief- und bodenabhängige Landnutzung prägt die Kleinräumigkeit der Landschaft, die sich wesentlich von der gut überschaubaren, nahezu schematischen Gliederung auf der Iller-Lech-Platte unterscheidet. Die Paar als Hauptentwässerungsader hat ein breites Tal angelegt, dem die Hauptlinien des Verkehrs folgen. In ziemlich gleichmäßiger Streuung verteilen sich Pfarrdörfer, Weiler und Einzelhöfe. Friedberg und Aichach bilden die historischen Kernorte und die wirtschaftlichen Schwerpunkte.

Mittelschwaben – Terrassenlandschaft zwischen Iller und Lech

Im Gegensatz zu den ruhigen Oberflächenformen des Donautales gewinnt das Landschaftsbild nach Süden zu mehr Energie und Lebhaftigkeit. Die breit eingeschnittenen Flusstäler von Lech, Wertach, Mindel, Günz und Iller und die schmalen Talböden von Schmutter, Zusam, Kammel oder Glött werden durch langgestreckte Hügelketten und sanftwellige Hochflächen voneinander getrennt. Flussniederungen und Höhenrücken verlaufen parallel zueinander, streng in die Süd-Nord-Richtung eingespannt, von den Alpen zur Donau hin gleichmäßig abfallend.

Das Relief haben die Fließgewässer während des Eiszeitalters gestaltet. Im Rhythmus mehrerer Kalt- und Warmzeiten wechselten das Aufschütten von Schottern und die Zertalung des Untergrundes miteinander ab. Die Gründe des mehrfachen Klimawechsels im Laufe von 2,5 Millionen Jahren sind nicht eindeutig geklärt. Kontinentalverschiebungen, Schwankungen der Erdbahn während des Umlaufs um die Sonne, möglicherweise auch Änderungen in der Zusammensetzung der Erdatmosphäre können dabei eine Rolle gespielt haben. In den Kaltzeiten sanken die Jahrestemperaturen um ca. 10 Grad ab und die Zeit der Sonneneinstrahlung war kürzer. Ein Großteil der winterlichen Niederschläge blieb als Schnee liegen, der sich in Eis verwandelte und in Form von Gletschern die Alpen bedeckte und in das Alpenvorland hinaus vordrang.

Die schürfende und ausräumende Erosionskraft des Eises war vor allem in den Alpentälern und am Alpenrand wirksam. Die nordwärts anschließenden Bereiche wurden von den abfließenden Schmelzwässern zertalt und mit Schottern überlagert. Die Flüsse tieften sich in die Geröllmassen immer wieder ein und ließen beim Nachlassen der Transportkraft ihre Geröllfracht im Talboden zurück.

Im Gebiet zwischen Lech und Iller lassen sich in unterschiedlicher Höhenlage die Schotter aus wenigstens sechs Kaltzeiten nachweisen, die nach den Alpenvorlandflüssen Biber, Donau, Günz, Mindel, Riß und Würm benannt sind. Die Ablagerungen der ältesten Kaltzeit treten auf den höchsten Hügelketten und Kuppen oberflächig in Erscheinung, die jüngeren Schotter der nachfolgenden Kaltzeiten bedecken die Höhenrücken auf niedrigerem Niveau. In der vorletzten Eiszeit, der Rißeiszeit, stießen die Gletscher weit nach Norden vor. Ein Saum von Altmoränen kennzeichnet die maximale Ausdehnung des Eises, das im Lech- und Wertachtal bis zur Linie Bad Wörishofen-Türkheim-Kaufering reichte und mit dem Ammerseegletscher bis in die Gegend von Mering vordrang.

In den Tälern der jetzigen Flüsse wurden während und nach der Würmeiszeit die jüngsten und letzten Glieder der Schichtenfolge abgelagert. Sie lassen sich entlang von Lech, Wertach und Iller als breite Schotterfelder verfolgen (Lechfeld, Wertachfeld) und sie bedecken die Talböden von Günz, Mindel, Roth und Iller. Der Natur-

Oben: Mittelschwäbische Hügellandschaft bei Hinterschellenbach im Naturpark Augsburg – Westliche Wälder.
Rechts: Blick auf Zisterzienserinnenabtei und Volkskundemuseum Oberschönenfeld, eingebettet in die naturnahe Landschaft des Schwarzachtales, umrahmt von Wiesen, Feldern und Wäldern als typische Klosterlandschaft, im Hintergrund Schmuttertal mit Gessertshausen und Diedorf.
Rechte Seite: Blick über den Alpsee bei Immenstadt. Er liegt in einem vom Gletschereis der Riß-Eiszeit ausgefurchten Tal zwischen den Wald- und Wiesenhängen der Allgäuer Vorberge.

park »Augsburg – Westliche Wälder« repräsentiert zwischen Donau, Wertach und Mindel einen charakteristischen Ausschnitt der mittelschwäbischen Terrassenlandschaft.

Die breiten Talfurchen waren seit alters her die Leitlinien der Besiedlung und des Verkehrs. Bevorzugt wurden die hochwassersicheren, lössbedeckten Terrassen oder die flachen Talhänge genutzt, während auf den Hochflächen weitgehend Wälder vorherrschen. Charakteristische Siedlungsformen sind das Haufendorf mit regelloser Verteilung der Anwesen und das Straßen- oder Wegedorf mit der gleichmäßigen Aneinanderreihung der Gehöfte entlang einer geradlinigen oder leicht geschwungenen Straßenachse.

Die Verkehrsgunst hat bis in unsere Zeit Handel und Wandel gefördert und auch die Standorte der gewerblichen Wirtschaft bestimmt. So wuchs im Mündungsdreieck von Lech und Wertach, am Rande des Lechfeldes, Augsburg von einer römischen Provinzhauptstadt über die mittelalterliche Handels- und Handwerkerstadt zur industriereichen Großstadt heran. In deren Umland entwickelten sich im 20. Jahrhundert mit Gersthofen, Neusäß, Bobingen und Königsbrunn mehrere Siedlungs- und Gewerbeschwerpunkte. In ähnlich verkehrsgünstiger Lage, an der Mündung der Iller und der Blau in die Donau, wo sich der Verkehr für die Flussübergänge bündelt, entstand der Ballungsraum Ulm/Neu-Ulm, der entlang des Illertales in der Städtereihe Senden, Vöhringen und Illertissen heute seine Fortsetzung findet. Für den Ost-West-Verkehr stellten die langgezogenen Höhenrücken und die zahlreichen Flussläufe erhebliche Hindernisse dar. Dem Verlauf der alten Römerstrasse Salzburg-Augsburg-Straßburg folgte im Mittelalter die bedeutende Salzstraße über Augsburg und Günzburg. Eisenbahn und Autobahn benützen in etwa diese Linie für den Fernverkehr. Eine günstige Querverbindung von Ost nach West hat die Natur auch im Übergangsbereich von den Schotterterrassen zu der voralpinen Moränenlandschaft vorgezeichnet. An der wichtigen Handels- und Salzstraße entstanden in regelmäßigen Abständen die Städte Landsberg, Mindelheim und Memmingen. Die besondere Lagegunst am Schnittpunkt von Fernstraßen förderte den Aufstieg Memmingens zur Reichsstadt.

Das voralpine Hügelland – die Moränenlandschaft

Kleinteilig und wenig übersichtlich ist das Landschaftsbild im südlichen Schwaben. Langgezogene Hügel, breite Kuppen, flache Becken wechseln auf engem Raum miteinander ab, in kurzer Entfernung kann sich die Abflussrichtung der Gewässer oder die Breite der Täler und Rinnen ändern. Das Relief ist das Ergebnis der schürfenden, schiebenden und aufschüttenden Wirkung des Gletschereises und seiner Schmelzwässer. Aus dem Lechtal kam der Lechgletscher, der bei Füssen und Pfronten das Gebirge verließ und sich im Ostallgäuer Voralpenland bis zu 40 km ausbreitete. Aus dem Illertal kam der Illergletscher, der sich nördlich von Immenstadt nur auf ca. 20 Kilometer ausdehnen konnte, da er von den Höhenzügen der Faltenmolasse eingeengt war. Aus dem Alpenrheintal kam der gewaltige Rheingletscher, der mit mehreren Eisströmen weit über das

Bodenseebecken hinaus nach Norden und Westen vorstieß und eine maximale Breite von mehr als 100 km erreichte. In Verbindung mit den schmäleren Eiszungen des Ammerseegletschers und des Wertachgletschers bildete sich im Alpenvorland eine geschlossene Eisdecke.

Während der maximalen Eisstände in der Riß- und Würmeiszeit erreichte die Oberfläche der Gletscher am Gebirgsrand eine Höhe zwischen 1.200 und 1.500 Meter. Gegen Norden dünnten die Eismassen allmählich aus und an der Gletscherstirn häuften sie den mitgebrachten Gesteinsschutt zu wallartigen Moränenhügeln auf. Eine langgestreckte Hügelkette, die sich auf der Linie Kaufbeuren-Obergünzburg-Altusried quer durch Schwaben zieht, markiert girlandenartig die Randlage der Eismassen in der Würmeiszeit. Innerhalb der Moränenwälle bilden das vom Gletscher mittransportierte grobe Gestein und das feine Gesteinsmehl die sog. Grundmoräne. In den Stammbecken der Gletscher sind teilweise größere Seen (Weißen-, Hopfen-, Bannwaldsee bzw. der Niedersonthofener See) erhalten geblieben, während die einstigen Seen bei Wertach, Marktoberdorf und Unterthingau längst ausgelaufen sind. Als Relikte des Eiszeitalters gelten auch die kleinen Seebecken, wie der Elbsee, die Seeger Seen und die zahlreichen Weiher und Moore. In dem Bodenseebecken, das in einem tektonischen Senkungsgebiet vom gewaltigen Rheingletscher tief ausgeschürft wurde, blieb einer der größten Alpenrandseen zurück. Über die 700 bis 800 m hohe Moränenlandschaft erheben sich Bergrücken und Höhenzüge der Allgäuer Faltenmolasse. Sie gehören geologisch-tektonisch zum Alpenbereich, bilden aber morphologisch-naturräumlich einen wesentlichen Teil des voralpinen Hügellandes. Westlich der Iller sind sie in mehreren Ketten, (Hauchenberg-Stoffelberg, Salmaser Höhenzug) dicht hintereinander gestaffelt und stellen den allmählichen Übergang zum Gebirge her. Östlich der Iller bilden sie mit dem Wertacher Rücken und dem Höhenkamm Senkele-Zwieselberg markante Erhebungen.

Unten: Blick vom Oberjoch über das Nebelmeer im Ostrachtal und im Illertal auf die Flyschberge der Hörnergruppe (links) und die Höhenzüge der Nagelfluhkette (Faltenmolasse im Hintergrund). Das Bild vermittelt eine Vorstellung von den Zuständen der Eiszeit, als vor 20.000 Jahren noch Gletscher die Täler füllten wie jetzt der Nebel.
Rechte Seite: Blick vom Faulensee bei Füssen auf die schroffen, zerklüfteten Gipfel und Zacken von Säuling und Vilseralpen.

Siedlung und Rodung haben den Wald zurückgedrängt, er bedeckt vor allem die Moränenrücken, die steilen Talhänge und Bergflanken und hat sich in den Flussauen und Bacheinschnitten naturnah erhalten. Das offene Land wird intensiv beweidet oder als Mähwiese genutzt. Mit der Erkenntnis, daß sich die Boden- und Klimaverhältnisse am besten für die Grünlandnutzung eignen, sind seit der Mitte des letzten Jahrhunderts die Ackerflächen südlich der Endmoränen fast vollständig verschwunden. Weiler und Einzelhöfe, die auf die spätmittelalterliche Rodungstätigkeit und teilweise auf die Vereinödungsbewegung des 16. bis 18. Jahrhunderts zurückgehen, prägen das Siedlungsbild. Ländliche Märkte und Dörfer bilden die lokalen Zentren. Mit den Reichsstädten Kempten und Kaufbeuren haben sich an verkehrsgünstigen Standorten administrative und wirtschaftliche Mittelpunkte entwickelt. Aus einem Marktort ist die Stadt Marktoberdorf hervorgegangen. Eine Sonderstellung nach Lage und Funktion nimmt die Inselstadt Lindau im Bodensee ein.

Die Allgäuer Alpen

In mehreren, immer höher ansteigenden Kulissen sind die Höhenzüge der Allgäuer Alpen hintereinander gestaffelt. Der geologische Aufbau ist kompliziert und weist die charakteristischen Züge eines Faltengebirges mit verschiedenen Bauteilen und ineinander verschachtelten Schichtfolgen auf. Unter den Gesteinsablagerungen der Triaszeit herrschen der graue bis graubraune Hauptdolomit, aus den Gesteinsarten der Jurazeit die dunkelbraunen Lias-Mergel vor. In den Ablagerungen der Kreidezeit nehmen die schiefrig-sandigen Flyschschichten breiten Raum ein. Das jüngste Glied in der alpinen Serie des Allgäus, die tertiäre Molasse, ist mit Sandstein, Ton und Nagelfluh am Aufbau der Randalpen maßgeblich beteiligt. Alle diese Ablagerungen, die sich im Laufe von mehr als 200 Mio. Jahren unter wechselnden Bedingungen in verschiedenen Meeresbecken angesammelt haben, kamen durch großräumige Krustenbewegungen an die Oberfläche, vornehmlich in der Tertiärzeit, und verfielen wieder der Verwitterung und Abtragung.

Naturräumlich lassen sich zwei Einheiten unterscheiden, die vom breit ausgeformten Illertal in zwei Abschnitte gegliedert werden. Als Kalkvoralpen bezeichnet man den 10–15 km breiten Außensaum, der westlich der Iller aus den Höhenzügen der gefalteten Molasse besteht und mit Hochgrat – Rindalphorn – Stuiben seine höchsten Erhebungen erreicht, sowie die im Süden anschließenden sanft geformten Flyschberge der Hörner-Gruppe. Östlich der Iller erstrecken sich schmale ost-westlich streichende Bergrücken zwischen Wertach, Nesselwang, Pfronten, Füssen und Trauchgau. Ihre Gipfel sind sanft gerundet und meist bewaldet. Verebnungen und flache Hänge sind für Zwecke der Alpwirtschaft gerodet, Siedlungen liegen meist unter 800 m. Das überwiegend kühle, feuchte und niederschlagsreiche Klima schränkt die landwirtschaftliche Nutzung ein und hat schon im Mittelalter zur Spezialisierung auf Viehwirtschaft geführt.

An verkehrsgünstigen Stellen sind die historischen Städte Immenstadt und Füssen herangewachsen, im breit angelegten Illertal hat sich Sonthofen zum Behördensitz und Garnisonsstandort entwickelt. Unter dem Einfluss des Tourismus sind zahlreiche Talorte wie Fischen, Hindelang, Oberstaufen, Nesselwang, Pfronten, Schwangau zu attraktiven Kur- und Ferienorten geworden. Infolge des Schneereichtums weist das gesamte obere Allgäu neben der Sommersaison eine ausgeprägte Wintersaison auf.

Nach Süden schließt sich die Zone der Kalkhochalpen an, die sich über das sanft geböschte Stockwerk der Molasse und der Flyschberge zu den markant geformten Bergkämmen und Gipfelgruppen über 2000 m aufschwingen und die typischen Merkmale eines Hochgebirges besitzen. Die Wirkungen des Eiszeitalters haben eine Vielfalt an Formen und Gestalten entstehen lassen: schroffe Wände, scharfe Grate, schuttreiche Hänge. In unteren Lagen bestimmen noch naturnahe Laub- und Mischwälder das Erscheinungsbild. Nach oben nimmt der Fichtenwald zu. Die natürliche obere Waldgrenze ist häufig durch Rodungen verändert. Weiden und hochgelegene Wiesen dienen einer intensiven Alpwirtschaft. Ein Gürtel mit Krummholz und Zwergsträuchern leitet über in die Zone der Schutt- und Felsspaltenvegetation. Starke Reliefunterschiede und hohe sommerliche Niederschläge schränken die Siedlungsmöglichkeiten auf wenige Räume (Oberstdorfer Becken, Walsertal, Füssener Bucht, Pfrontener Becken) ein. Die höchste Dauersiedlung steigt im Weiler Gerstruben auf 1.100 m hinauf.

Hans Frei

Bilder zur Vorgeschichte Schwabens

In großer Fülle sind in der schwäbischen Landschaft die Hinterlassenschaften des vorgeschichtlichen Menschen zurückgeblieben. Als Bodenfunde und Bodendenkmäler bilden sie archäologische Geschichtsquellen und wichtige »Urkunden« für die Zeit ohne schriftliche Überlieferung. Fast 8.000 archäologische Fundplätze dokumentieren in Schwaben eine Zeitspanne von mehr als 100.000 Jahren in der Siedlungs- und Kulturgeschichte. Die aus der Erde geborgenen Funde werden in zahlreichen Stadt- und Heimatmuseen präsentiert.

Steingeräte und Knochenwerkzeuge bezeugen die Anwesenheit der Menschen seit der Alt- und Mittelsteinzeit. Krüge, Becher und Schalen aus Keramik sind wesentliche Spuren der Siedlungs- und Wirtschaftsweise in der Jungsteinzeit, als man in Verbindung mit Pflanzenbau und Tierhaltung Dauersiedlungen anlegte. Gefäßformen und Gefäßmuster sind typische Kennzeichen verschiedener Zeitabschnitte. Die Kulturen der Bronze- und der Eisenzeit verwendeten Metalle zur Herstellung von Arbeitsgeräten, Waffen oder Schmuck. Ein Gefäßdepot der Urnenfelder bei Unterglauheim (Landkreis Dillingen) mit zwei Bronzekesseln und zwei Goldschalen in einem großen Bronzegefäß beweist hervorragende handwerkliche Fertigkeiten. Reichhaltige Funde aus Grabhügeln vermitteln Einblick in das Leben der Hallstattzeit. Aus den letzten Jahrhunderten vor der Zeitenwende sind zahlreiche Relikte der Kelten, eines Volkes, das weite Teile Europas kulturell geprägt hat, überliefert. Die fast 400 Jahre umfassende Herrschaft der Römer zwischen Ries und Bodensee ist durch einen reichen Bestand an Bodendenkmälern und Funden repräsentiert. Neben der Provinzhauptstadt Augusta Vindelicum, die der römische Schriftsteller Tacitus »als glänzende Stadt« hervorhebt, führen zahlreiche Städte wie Füssen, Günzburg, Kempten, Nördlingen oder Schwabmünchen und viele andere Orte in Schwaben ihre geschichtliche Entwicklung auf einen römischen Ursprung zurück. In Augsburg konzentrierten sich Religion, Verwaltung, Militär, Handel und Handwerk. Tempelreste, Götterstatuen und Grabdenkmäler bezeugen die zentrale Rolle der Provinzhauptstadt. Die Besiedelung des Landes belegen Straßendörfer, Gutshöfe und Bestattungsplätze. Entlang der Fernstraßen standen Meilensteine. Das Erbe der Römer traten die Alemannen an. Auf sie geht die Mehrzahl der heutigen Siedlungen zurück.

Hans Frei

Oben: Faustkeil von Großsorheim; das etwa 9 cm lange Artefakt benutzte der Neandertaler im Ries vor etwa 80.000 Jahren.
Oben rechts: Keramikschüssel, verziert mit Stempel- und Rillenmuster, aus einem Grabhügel »Hexenbergle« zwischen Bobingen und Wehringen, 8. Jh. v. Chr., Römisches Museum Augsburg. Foto: Udo Gruber.
Rechts: Bronzeeimer, 2 Bronzekessel und 2 verzierte Goldbecher, 9. Jh. v. Chr., Depotfund bei Unterglauheim, Lkr. Dillingen, Römisches Museum Augsburg.

Oben links: Vergoldete Bronzestatuette des Genius Populi Romani (Höhe 45 cm), des Staatsschützers der Römer; wahrscheinlich Teil eines Standbildes des Kaisers Claudius, 1. Jh. n. Chr., Römisches Museum Augsburg.
Oben rechts: Lebensgroßer Pferdekopf von einem Reiterstandbild, Bronze, vergoldet, 1. Hälfte 2. Jh. n. Chr., Römisches Museum Augsburg.
Unten links: Grabmal eines Weinhändlers, Fasstransport auf einem Ochsenfuhrwerk, um 200 n. Chr., Jurakalk, Römisches Museum Augsburg.
Unten rechts: Fresko aus einem römischen Wohnhaus bei Schwangau, Lkr. Ostallgäu, 2. Hälfte des 2. Jh. n. Chr.

Das Ries. Man wird erkennen, dass sich ein Bogen ringsum spannt, unterbrochen durch Täler, ausgebuchtet und sich wieder findend, wohl nicht exakt kreisförmig, aber eine Landschaft von seltener Geschlossenheit und topographischer Harmonie.

Albert Schlagbauer (1913–2001)

Das Ries

Nördlingen gilt als Modell einer mittelalterlichen Stadt. Im Schnittpunkt wichtiger Verkehrswege liegend entwickelte sich die Stadt im Spätmittelalter zu einer der bedeutendsten Messestädte Süddeutschlands.

Der Blick vom »Daniel«, dem alles überragenden Turm der St.-Georgs-Kirche, geht über Marktplatz, Rathaus und Brot- und Tanzhaus hinüber zu der vollständig erhaltenen und rundum begehbaren Stadtmauer mit ihren Toren und Türmen.

Selten ist eine Landschaft mit so vielen Lobreden bedacht worden wie das Ries, diese schüsselförmig zwischen Fränkischer und Schwäbischer Alb eingegrabene Landschaft. Als der Humanist Veit Ammerbacher aus Wemding 1540 an der Universität Wittenberg eine Rede über sein Vaterland hielt, geriet ihm diese zu einer Lobrede auf das Ries: »Vor meinen Augen schwebt das väterliche Haus, worin ich die Anfänge der Religion und Tugend lernte und die Umgebung mit den vielen Quellen, Weihern, Wäldern, Bergen, Gärten, Wiesen, die dort besonders schön sind. Die Stadt liegt am Nordrand Rätiens, welcher Name an der Gegend noch haftet (Ries), die kein Landstrich an Fruchtbarkeit des Bodens und Menschenzahl übertrifft.«

Etwas später rühmt Sebastian Münster in seiner »Cosmographia« Mitte des 16. Jahrhunderts die wirtschaftlichen Grundlagen dieser Landschaft, wenn er auf den guten Kornbau und den Viehreichtum auf üppigen Weiden, auf die vielfältigen Obstarten, auf schöne Rösser und die vielen Gänse und Schweine hinwies. Und schließlich formulierte der Nördlinger Stadtschreiber Georg Monninger im Jahre 1893: »Eine der merkwürdigsten Gegenden des Schwabenlandes ist das ›Ries‹. Rings von herrlichen Anhöhen, den Verbindungsgliedern des schwäbischen und fränkischen Jura, eingeschlossen, birgt dasselbe eine große Zahl schöner, oft uralter und geschichtlich denkwürdiger Punkte; von Klöstern und Schlössern, Städten und Dörfern ist die etwa achtzehn Stunden umfassende Ebene, einer der gesegnetsten Gaue des deutschen Vaterlandes, übersät.«

Merkwürdig also sei diese Landschaft, meint Georg Monninger und hat damit sicher Recht, zumal er ja mit merkwürdig nicht irgendetwas Kurioses meint, sondern etwas Bemerkenswertes, etwas, worüber sich nachzudenken lohnt. Anlass für uns, einigen dieser Merkwürdigkeiten etwas genauer nachzuspüren.

Zuerst einmal ist die eigenartige Topographie dieser Landschaft zu nennen, deren Entstehung der Forschung lange Zeit Rätsel aufgegeben hat. Ist die nahezu kreisrunde, schüsselartige Landschaft Ergebnis eines gewaltigen Vulkanausbruchs oder wurde sie durch die schürfende Kraft eines Gletschers geschaffen? Diese Frage beherrschte die wissenschaftliche Diskussion des 19. und 20. Jahrhunderts. Sie wurde erst 1960 durch die amerikanischen Forscher Eugene Shoemaker und Edward Chao beantwortet. Als die beiden Wissenschaftler im Hinblick auf die

In der vorderen, mittleren und hinteren Gerbergasse arbeiteten im späten Mittelalter 85 Gerbereien. Auf dem 1672 erbauten Haus Vordere Gerbergasse 39 übte bis 1961 der letzte Nördlinger Gerber sein Handwerk aus.

bevorstehende Mondlandung das Gestein der Riestrümmermassen untersuchten, fanden sie nämlich die Minerale Stishovit und Coesit. Wenn man weiß, dass diese nur unter extremen Druckbedingungen – wie beispielsweise bei einem Meteoriteneinschlag – entstehen, dann wird schnell die Bedeutung dieses Fundes deutlich. Weitere Indizien erhärteten die Theorie und bald stand unumstößlich fest: Das Ries war durch den Einschlag eines Steinmeteoriten vor 14,7 Millionen Jahren entstanden.

Wie aber muss man sich den Ablauf dieser kosmischen Katastrophe vorstellen? Ein Meteorit von ungefähr 1.000 Metern Durchmesser durchbrach mit einer Geschwindigkeit von rund 20 Kilometern pro Sekunde nahezu ungebremst die Erdatmosphäre und bohrte sich ca. 1.000 Meter in die Juragesteine und das kristalline Grundgebirge. Meteorit und umliegendes Gestein wurden dabei auf weniger als die Hälfte ihres ursprünglichen Volumens zusammengepresst. In kürzester Zeit entstand der so genannte Primärkrater von etwa 12 Kilometern Durchmesser. Der ungeheure Druck setzte sich in Überschallgeschwindigkeit in das umgebende Gestein fort, verlor dort aber schnell an Energie. Der Meteorit und das unmittelbar betroffene Gestein verdampften. Aber rund 150 Kubikkilometer Gestein wurden bei diesem Vorgang aus dem Krater

Das ehemalige Rotgerberhaus aus der Zeit um 1422 zählt zu den eindrucksvollsten Beispielen dieser Bauaufgabe. Typisch dafür sind die offenen Trockenböden der oberen Stockwerke (oben).
Fachwerkhäuser und barocke Bauten prägen die Altstadt von Oettingen (unten). Sehenswert das Residenzschloss Oettingen-Spielberg mit barocker Außenfassade und Innenausstattung in italienischer Renaissance.

Im Schatten der Stadtmauer findet sich manches Kleinod so wie dieses kleine Anwesen aus der Zeit nach dem Dreißigjährigen Krieg.

Heute ist Nördlingen weit über seine mittelalterliche Stadtbefestigung hinausgewachsen. Freilich konnte die Stadt die im Dreißigjährigen Krieg erlittenen hohen Bevölkerungsverluste erst Jahrhunderte später wieder ausgleichen. Um 1600 zählte die Stadt 8790 Einwohner, 1652 waren es gerade noch 4350. Erst 1939 konnte wieder die Bevölkerungszahl vor dem großen Krieg erreicht werden.

geschleudert, tonnenschwere Gesteinsblöcke flogen bis zu 60 Kilometer weit. Absenkungen rund um den Krater waren die Folge. Auf diese Weise erweiterte sich der Kraterdurchmesser auf etwa 25 Kilometer.

Im Umkreis von mehreren tausend Quadratkilometern war alles tierische und pflanzliche Leben zerstört. Der Rieskrater aber füllte sich durch Zuflüsse, durch Grundwasser und Regenfälle mit Wasser. So entstand ein Kratersee, der etwa zwei Millionen Jahre bestehen sollte, dann aber allmählich durch Einschwemmungen aufgefüllt wurde und schließlich verlandete. Erst als am Ende der Tertiärzeit die Alb und Teile Süddeutschlands durch tektonische Bewegungen herausgehoben wurden, räumten die zahlreichen Wasserläufe die Ablagerungen aus und legten somit die Beckenform wieder frei. Allerdings widerstanden die Rieseekalke der Abtragung stärker als umliegende Gesteine und wurden so als Hügel teilweise herauspräpariert. Löss- und Sandablagerungen bedeckten im Laufe der Eiszeiten den Beckenboden, ein Vorgang, der die natürliche Grundlage für die Entwicklung des Rieses zur »Kornkammer Bayerns« bildete. In diese Zeit fällt bereits das erste Auftreten des Menschen im Ries, dessen Anwesenheit hier seit ca. 80.000 Jahren belegt ist. In diese Zeit fällt aber auch der Übergang von der Naturlandschaft zur Kulturlandschaft.

Das Ries gilt heute unter Fachleuten als eine Schatzkammer der Vor- und Frühgeschichte mit einer beeindruckenden Siedlungskontinuität. Der Faustkeil von Mündling am Riesrand mit einem Alter von mehr als 130.000 Jahren sowie der Faustkeil von Großsorheim mit einem Alter von 70 bis 80.000 Jahren (ältestes bisher nachweisbares Artefakt aus dem Ries) belegen die frühe Besiedlung des Rieses und seines Umlandes durch Jäger und Sammler, während die Schädelbestattungen in der Großen und Kleinen Ofnethöhle und in der »Hexenküche« bei Lierheim mit ihren Grabbeigaben aus dem Mittelmeerraum den weitgespannten Kulturraum des Rieses bezeugen. Weithin bekannt wurde auch die Kalksteinplatte mit Ritzzeichnungen aus dem »Hohlenstein« und viele andere Fundstücke, die heute in den Museen in Nördlingen, Bopfingen und Wemding bestaunt werden können.

Unter Kaiser Domitian wurden um 90 v. Chr. das Ries und sein nördliches Vorland als Teil des Römischen Reiches in die Provinz »Raetia« eingegliedert, wovon sich übrigens auch der Name dieser Landschaft, das »Ries«, ableiten lässt. Ständige Angriffe alamannischer Stämme seit 213 n. Chr. zwangen die Römer um 260 n. Chr. zur Aufgabe des rätischen Limes und zur Verlegung ihres Herrschaftsbereiches hinter die Donaulinie. Das Ries wurde so zum Siedlungsland der Alamannen, die hier insofern auf ideale Voraussetzungen stießen, da sie gerodetes Land vorfanden und die römische »Infrastruktur« in Form des römischen Straßennetzes und der römischen Gutshöfe benutzen konnten. Große Teile des römischen Straßennetzes wurden so in das Wegesystem des Mittelalters übernommen und scheinen auch noch in wesentlichen Teilen des modernen Straßennetzes durch. Zeugen der römischen Vergangenheit sind neben den gut erforschten Kastellen »Losodica« (Munningen) und »Opie« (Oberdorf) auch die über 100 nachgewiesenen Gutshöfe. Der unterhalb der Ofnethöhlen im Maienbachtal liegende römische Gutshof gibt nach der Freilegung der Grundmauern anschaulich Einblick in die Vielfalt der Gebäude und die Größe derartiger Anlagen.

Nach dem Sieg des Frankenkönigs Chlodwig über die Alamannen im Jahr 496 begann auch im Ries eine neue, die fränkische Besiedlungsphase mit tiefgreifenden Änderungen in kultureller, politischer, sozialer und siedlungsgeschichtlicher Hinsicht. Alamannische wie fränkische Besiedlung aber bezeugen den Altsiedelcharakter des Rieses.

Heute weiß man, dass das Grundmuster des Rieser Siedlungsbildes im Verlauf dieser alamannisch-fränkischen Besiedlungsphase festgelegt worden ist. Die damaligen Orte waren in der Regel Kleinsiedlungen mit mehreren Gehöften. An manchen dieser Orte errichteten Adelsfamilien ihre Ansitze, deren Lage oder Überreste heute noch zum Teil im Gelände gut sichtbar sind oder die auf Grund eines späteren Ausbaus bis in die Gegenwart überliefert werden konnten.

Diese Adelsfamilien, vom Ortsadel bis zum bedeutenden Grund- oder Territorialherren, bestimmten zusammen mit den Klöstern und Kir-

In Hohenaltheim tagte im Jahr 916 eine von König Konrad I. einberufene Reichssynode. Von der damaligen karolingischen St. Johannes Baptista Kirche als Versammlungsort sind heute keine Überreste mehr vorhanden. Die heutige Kirche stammt aus der Zeit um 1360. Sie wurde Mitte des 18. Jahrhunderts erweitert (oben).
In Wemding steht am Marktplatz das Geburtshaus des Arztes und Botanikers Leonhard Fuchs (1501–1566), nach dem eine bekannte Pflanze, die Fuchsie, benannt worden ist (rechts).

Die Wallfahrtskirche Maria Brünnlein gehört zu den meistbesuchten Wallfahrtsorten Bayerns. Ihre Ursprünge gehen zurück auf das wundertätige Wirken einer Marienstatue, die ein Wemdinger Schuhmacher 1684 von einer Romwallfahrt nach Wemding gebracht hatte. 1748 wurde der Grundstein zum Bau einer großen Wallfahrtskirche gelegt, 1752 war das Gotteshaus fertiggestellt (oben).
Im Hof des Residenzschlosses in Oettingen stößt der Besucher auf den Trakt des alten Schlosses, das auch die »alte Münz« genannt wird (links).
Burg Niederhaus gehörte einst den Edelfreien von Hürnheim, bevor sie Ende des 16. Jahrhunderts in den Besitz der Grafen von Oettingen gekommen ist. 1709 erwarb die im Dreißigjährigen Krieg teilweise zerstörte Burg der Deutsche Orden (unten).

chen, aber auch mit den Bewohnern der Städte und Dörfer, die weitere Entwicklung des Siedlungsbildes, das trotz aller Wandlungen sein überkommenes Aussehen über lange Zeiträume beibehalten konnte. Erst die sozioökonomischen Wandlungen des 20. Jahrhunderts brachten neue Entwicklungen und zum Teil besorgniserregende Veränderungen des Siedlungsbildes hervor, die das gewachsene Landschaftsbild gegenwärtig immer mehr verändern.

Das Ries kann durchaus als ein Land der Burgen und Schlösser bezeichnet werden. Oder anders ausgedrückt: Was wäre das Ries ohne die zahlreichen Burgställe und Ruinen, Burgen, Burgschlösser und Residenzschlösser, Jagdschlösser und Land- und Lustschlösser? Mitte des 12. Jahrhunderts treten die Edelfreien von Oettingen, von Hürnheim, von Lierheim und von Hohenburg, die mächtigsten Rieser Adelsgeschlechter im hohen Mittelalter, zum ersten Mal in das Licht der Geschichte. Bis auf die Oettingen sind sie aber schon lange wieder verschwunden. Erhalten blieben aber die zum Teil eindrucksvollen Überreste ihrer Burgen und Ansitze.

Glanzstück des Rieses ist ohne Zweifel die mächtige Harburg hoch über dem Wörnitztal und dem gleichnamigen Städtchen, zählt sie doch zu den größten und besterhaltenen Burgen Deutschlands. Die 1150 erstmals urkundlich erwähnte Stauferburg kam 1299 auf dem Pfandwege in den Besitz des Hauses Oettingen. Alljährlich machen Tausende von Besuchern hier Halt, wenn sie auf der Fahrt entlang der Romantischen Straße die vielen Türme und hohen Mauern der trutzigen Burganlage sehen. An ihr hatte im Übrigen auch Carl Spitzweg Gefallen gefunden, als er im Sommer 1858 durch Harburg kam, denn gleich dreimal hat er sein Skizzenbuch gezückt, um die idyllischen Motive der Burg festzuhalten.

Im württembergischen Teil des Rieses liegt Schloss Baldern, das nicht nur wegen seiner exponierten Lage auf einem Bergkegel mit herrlichem Rundblick den Besucher fasziniert, sondern auch wegen der umfangreichen Waffensammlung, die es in seinen Mauern birgt. Schloss Baldern ist ebenso wie die Harburg und Schloss Wallerstein im Besitz der 1774 gefürsteten Linie Oettingen-Wallerstein.

Ausgangs- oder Endpunkt einer Tour zu den oettingischen Burgen und Schlössern sollte die Residenzstadt Oettingen sein, denn hier stand einst der namengebende Stammsitz der 1141 erstmals genannten Oettinger. Dieser Stammsitz aus der Zeit des hohen Mittelalters, durch Um- und Ausbauten zu einer imposanten Schlossanlage des 15./16. Jahrhunderts umgestaltet, wurde Mitte des 19. Jahrhunderts abgetragen. Hier residierte bis zu ihrem Aussterben im Jahre 1731 die 1674 gefürstete evangelische Linie Oettingen-Oettingen. Aber am anderen Ende der Stadt, sozusagen als Abschluss und Krönung der Schlossstraße, steht heute noch das Schloss des fürstlichen Hauses Oettingen-Spielberg, das zwischen 1678 und 1687 seine heutige Form erhalten hat. Dieses Schloss und das mittelalterliche Rathaus bilden die Ausgangspunkte für die architektonische Gestaltung von Marktplatz und Hauptstraße, die gekennzeichnet sind von Fachwerkhäusern einerseits und Barockbauten andererseits.

Eine Stadt – zwei Schlösser. Diese Besonderheit Oettingens geht zurück auf eine Erbteilung innerhalb des Grafenhauses zu Beginn des 15. Jahrhunderts. Diese Erbteilung machte die Existenz zweier Herrschaftssitze, zweier Verwaltungen, zweier kirchlicher Mittelpunkte etc. notwendig. Und als sich in der Reformationszeit eine der beiden in der Stadt ansässigen Linien für den evangelischen Glauben entschied, war die Stadt auch in konfessioneller Hinsicht geteilt.

Neben den Burgen und Schlössern prägen die Städte das Bild des Rieses. Doch muss hier differenziert werden, denn Stadt ist nicht gleich Stadt. Die Residenzstadt Oettingen, die Burgstadt Harburg, die ehemals oettingische, dann bayerische Landstadt Wemding und die Reichsstädte Bopfingen und Nördlingen sind schon rein äußerlich in ihrer Gestalt und ihrer Architektur durchaus zu unterscheiden. Die ehemalige Reichsstadt Nördlingen gilt als Modellfall einer mittelalterlichen Stadt, in der all das noch erhalten ist, was einst eine mittelalterliche Stadt gekennzeichnet hat. Im Mittelpunkt Kirche und Rathaus, umgeben von der heute noch vollständig erhaltenen Befestigungsanlage mit Wall und Graben, Toren und Türmen, Stadtklöster und Kastenhäuser auswärtiger Klöster, das Spital, die Wohn- und Arbeitsstätten der Handwerker, das Gerberviertel an der Eger, Speicher- und Vorratshäuser, die Wohnhäuser der wohlhabenden Kaufleute, Gasthäuser und Herbergen. All diese Merkmale einer mittelalterlichen Stadt kann der Besucher hier heute noch sozusagen »live« erleben, auch wenn sich die Stadt zwischenzeitlich in ihren Außenbereichen zu einem bedeutenden

Die Gebäude des Residenzschlosses Wallerstein geben zusammen mit Schlosspark, Hofreitschule und anderen Gebäuden einen eindrucksvollen Einblick in eine ländliche Residenz des 18./19. Jahrhunderts.

Industriestandort gewandelt hat. Wer aber Lust auf Geschichte hat, der kommt in den Museen der Stadt voll auf seine Kosten. Denn es kann wohl kein Zufall sein, dass jährlich etwa 90.000 Menschen die Museen besuchen, um die vielfältigen Aspekte der Geschichte dieser Stadt authentisch und hautnah zu erleben?

Kirchen und Klöster – ein weiteres Mosaik in der Kulturlandschaft des Rieses. Ohne Übertreibung kann festgestellt werden, dass Kunstliebhaber hier auf engstem Raum eine wahre Fülle an Kirchen- und Klosterschätzen vorfinden. Benediktiner ließen sich hier ebenso nieder wie Zisterzienserinnen und Kartäuser, Franziskaner und Karmeliter. Als das älteste Kloster im Ries gilt Mönchsdeggingen, das nach der Klostertradition auf eine Stiftung Kaiser Ottos des Großen zurückgeht. Auf dem sicheren Boden der urkundlichen Überlieferung steht die Schenkung Kaiser Heinrichs II. von Dorf und Kloster Deggingen 1007 und 1016 an das damals gestiftete Bistum Bamberg, das von nun an die Oberhoheit über das Kloster haben sollte. Als Schirmvögte fungierten bis 1347 die Edelfreien von Hürnheim-Hochhaus. Als sie in diesem Jahr ihre Burg Hochhaus zusammen mit der Vogtei über das Kloster an die Grafen von Oettingen verkauften, war der Weg der alten Abtei zum oettingisch mediaten Kloster festgelegt und vorgezeichnet. Die ehemalige Klosterkirche zählt mit ihrer reichen barocken Ausstattung zu den schönsten Kirchen des Rieses. Sie ist ebenso ein beliebtes Ausflugsziel wie die Wallfahrtskirche Maria Brünnlein bei Wemding, die alljährlich von Tausenden von Besuchern aufgesucht wird. Nach einer grundlegenden Renovierung erstrahlt die 1999 in den Rang einer »Basilica minor« erhobene Kirche in neuem Glanz.

Auch hierzulande erkannte man die Vorteile einer grenzüberschreitenden Werbung für diese Landschaft. Um die kulturellen Kräfte der beiden Altlandkreise Donauwörth und Nördlingen zu bündeln, gründete man im Jahr 1999 die Arbeitsgemeinschaft Ferienland Donau-Ries. In der Tat lohnt es sich, alle Anstren-

Zu den schönsten Kirchen des Rieses zählt die am südlichen Riesrand gelegene Klosterkirche Mönchsdeggingen mit ihrer prachtvollen Ausstattung an Stuckarbeiten und Deckenfresken aus der Zeit des Barock.

gungen zu unternehmen, um auf diese einmalige Landschaft, mit dem Rieskrater als Herzstück, aufmerksam zu machen.

Galt das Ries einst als »Kornkammer Bayerns«, so gilt es heute, bei zurückgehender Landwirtschaft, neue Ressourcen zu erschließen. Und zu entdecken – und zu »vermarkten« – gibt es in der Tat sehr viel. Nicht nur an Kunst, Kultur und Baudenkmälern, sondern auch an Persönlichkeiten, die weit über das Ries hinaus bekannt geworden sind. Zu denken ist hier u. a. an den in Oettingen geborenen Hieronymus Wolf (1526–1581), den Begründer der Byzantinistik oder an den »Urfreund« Goethes, Karl Ludwig von Knebel, der 1744 in Schloss Wallerstein geboren worden ist. Zu nennen ist auch William Berczy, ebenfalls 1744 in Wallerstein zur Welt gekommen, der als der Mitbegründer Torontos gilt. Zu erinnern ist an den 1764 im Pfarrhaus zu Balgheim geborenen Juristen und Historiker Karl Heinrich Ritter von Lang, der durch seine »Memoiren« einem weiten Leserkreis bekannt geworden ist, aber auch an Wilhelm Ludwig Wekhrlin (1739–1792), einen der geistreichsten und bissigsten Satiriker des 18. Jahrhunderts, der auch als »Gefangener auf dem Hochhaus« in die Geschichte eingegangen ist. Musste er doch vom Fürsten von Wallerstein in Schutzhaft genommen werden, weil er es sich so gründlich mit der Reichsstadt Nördlingen verdorben hatte, dass er um sein Leben zu fürchten hatte. Bei dieser kleinen Auswahl soll es sein Bewenden haben – wohl wissend, dass sich die Reihe bekannter und berühmter Zeitgenossen nahezu beliebig fortsetzen ließe.

Eine so vielgestaltige und facettenreiche Kulturlandschaft wie das Ries beschreiben zu wollen, muss zwangsläufig bruchstückhaft bleiben. Mehr als ein flüchtiges Bild ist hier nicht möglich. Wie formulierte doch einst Melchior Meyr (1810–1871), der »Klassiker des Rieses«, angesichts seines Versuches, die Bewohner des Rieses zu beschreiben: »Die Beschreibung eines Volksstammes, ja nur eines Bruchteils, der für sich eine Art Ganzes bildet, ist eine Aufgabe, die man nie für gelöst erklären kann ...« Und genau aus diesem Grund sollte man hinfahren und diese Landschaft und ihre Bewohner besuchen, um sich selbst ein Bild zu machen.

Wilfried Sponsel

Hoch über der Wörnitz thront auf einem Bergvorsprung die imposante Harburg, die in ihrer heutigen Gestalt mehrere Bauphasen vom 12/13. bis zum 18. Jahrhundert erkennen lässt (rechts).
Das malerische Städtchen Harburg weist in seinem Kern zahlreiche idyllisch anmutende Winkel auf. Die Wörnitzbrücke, die 1729 ihr heutiges Aussehen erhielt, verbindet die beiden Uferseiten der Stadt, die inzwischen weit über ihren alten Kern unterhalb der Burg hinausgewachsen ist (links).

Wer Schwabens Schönheit und Kultur kennen lernen möchte, muss nicht unbedingt den Touristenströmen folgen. Östlich und westlich der Romantischen Straße lädt Nordschwabens Städteband zwischen Ulm und Neuburg zu Entdeckungen ein. Der Reiz der fruchtbaren Landschaft zwischen Ries und Donauried, die anheimelnde Geschlossenheit der historisch gewachsenen Städte, die große Zahl architektonisch bedeutender Baudenkmäler, aber auch die Anziehungskraft der landestypischen und der internationalen Küche in den vielen Restaurants haben ihre Wirkung nicht verfehlt: Insbesondere die Einrichtung des Donauradweges Donaueschingen – Ulm – Regensburg – Wien – Budapest hat sich als touristischer Erfolg erwiesen.

Mit ihrer lärmfreien Fortbewegung schaffen sich Radwanderer gewiss die beste Voraussetzung, die verträumten Winkel in alten Stadtvierteln, das Ried als Rückzugsbiotop seltener Vogelarten und den weiten Himmel über dieser dünn besiedelten Landschaft als Wunder zu erleben. Aber selbstverständlich eröffnen auch die Bundesstraße 16 und die Strecke der Donautalbahn Ulm – Regensburg bequeme Zugänge zu einer Region, die sich durch Pflege kultureller Tradition ebenso auszeichnet wie durch die Bereitschaft zu innovativem Fortschritt.

Die vergleichsweise milden Temperaturen erklären wohl auch die dicht aneinandergereihten Städte dieses Siedlungsbandes entlang des Stroms, den, wie viele Funde beweisen, die Römer als wichtige Barriere gegen mögliche germanische Vorstöße nutzten. Und auch später fielen an dieser Völkerstraße Entscheidungen, mit denen die Geschichte Europas nachhaltig beeinflusst wurde.

Ein Beispiel für lebendig gebliebene Geschichte ist Schloss Leitheim östlich von Donauwörth. Zu den »Leitheimer Schlosskonzerten«, die seit 1959 regelmäßig veranstaltet werden, kommen Musikfreunde auch aus den Kulturmetropolen Bayerns und Württembergs. Im ausgehenden 17. Jahrhundert wurde das Bauwerk hoch über der Donau von Kaisheims Zisterziensern als Sommersitz errichtet, nach einem halben Jahrhundert erweitert und zu einem beispielhaften Werk bayerischen Rokokos ausgeschmückt. Seit 1835 ist Schloss Leitheim im Besitz einer Linie der Tucher

Die Donaustädte

Seite 28/29: Hoch überragt das Höchstädter Renaissance-Schloss die Stadt und die Donauebene.
Seite 30/31 von links: Auf Schritt und Tritt trifft der Besucher der nordschwäbischen Donaustädte auf architektonische Zeugnisse der Geschichte und auf idyllische Szenerien.
Schloss Leitheim, einst Sommersitz der Kaisheimer Zisterzienser, ist durch seine Konzerte weithin bekannt geworden.
Das Färbertörl in Donauwörth erinnert an ehemals starke Stadtbefestigungen.
Obwohl Donauwörth Standort zahlreicher innovativer Firmen ist, eröffnen sich dem Fotografen noch immer malerische Perspektiven, wie hier am Zusammenfluss von Donau und Wörnitz.

von Nürnberg und seit etwa vier Jahrzehnten für Besucher zugänglich. Zu den kostbarsten Ausstellungsgegenständen gehört das Sterbekreuz der Maria Stuart.

Der donauaufwärts Reisende erreicht mit Donauwörth die erste der nordschwäbischen Städte, die in geringem Abstand voneinander das nördliche Flussufer säumen. Donauwörth, das erstmals 1030 urkundlich erwähnt wurde, hat trotz verheerender Zerstörungen im April 1945 viele Zeugnisse seiner Geschichte bewahren und wieder herstellen können. Berühmt sind die Reichsstraße, die schon zum Straßennetz des Hl. Römischen Reiches deutscher Nation gehörte, das Deutschordenshaus, eine der ältesten Niederlassungen des Deutschen Ritterordens, das Stadtkommandantenhaus, das nach der Zerstörung im Zweiten Weltkrieg 1950 wieder aufgebaut wurde, das Tanzhaus, ein gesellschaftliches Zentrum der ehemals Freien Reichsstadt, und der gotische Backsteinbau der dreischiffigen Hallenkirche »Zu Unserer Lieben Frau« mit gotischen Fresken und der »Pummerin«, der größten Glocke Schwabens.

Im Vorfeld des 30-jährigen Krieges hat Donauwörth besondere Bedeutung erlangt. Ein Konflikt zwischen Protestanten und Katholiken veranlasste Kaiser Rudolf im Jahre 1608, die Reichsacht über die Stadt zu verhängen. Bayerns Herzog Maximilian I. wurde mit der Vollstreckung beauftragt. Daraufhin schlossen sich schon 1608 mehrere Reichsstände unter der Führung der Kurpfalz zur Protestantischen Union zusammen. Ein Jahr später entstand die Katholische Liga. Die Fronten standen bereit, der Prager Fenstersturz sollte 1618 den Krieg auslösen.

Die Lage an der Romantischen Straße und im Zentrum von Eisenbahnverbindungen hat Donauwörths

Entwicklung als Große Kreisstadt sichtbar gefördert. Die wirtschaftliche Mittelpunktstellung der Stadt im Landkreis Donau-Ries spiegelt sich in der großen Zahl moderner Betriebe wider. Überregionale Bedeutung hat vor allem die Eurocopter GmbH erlangt. Das Werk ist Bestandteil eines deutsch-französischen Konzerns, der als weltgrößter Hubschrauberproduzent bekannt ist.

Zwischen Donauwörth und Höchstädt führt die Bundesstraße 16 vorbei an der Ortschaft Donaumünster, deren Schloss mit dem Namen Alexander von Bernus (1880–1965) eng verbunden ist. Als Redakteur der Zeitschrift »Freistatt« (1902–1905) unterhielt der Dichter und Alchemist freundschaftliche Kontakte zu Autoren wie Ricarda Huch, Else Lasker-Schüler, Frank Wedekind, Franz Blei, Rainer Maria Rilke, Paul Scheerbart, Stefan Zweig, Thomas Mann und Hermann Hesse. Auf Schloss Donaumünster verbrachte Bernus seine letzten Lebensjahre. 1995 wurde hier die Alexander-von-Bernus-Gesellschaft mit dem Ziel gegründet, das umfangreiche Werk des Dichters zu betreuen.

Höchstädts Renaissance-Schloss überragt als mächtiger Bau die Donauebene. Errichtet wurde er im ausgehenden 16. Jahrhundert von Philipp Ludwig, dem dritten Herzog des jungen Fürstentums Pfalz-Neuburg. Die Vierflügelanlage umschließt einen fast quadratischen Innenhof. An den Außenecken flankieren vier Rundtürme den dreigeschossigen Baukörper. Für einen besonderen Akzent sorgt der Bergfried, der von der früheren mittelalterlichen Anlage erhalten geblieben ist. Seine Blütezeit erlebte das Schloss in den Jahren 1616 bis 1632, als Anna von Jülich, Kleve und Berg, die Witwe Philipp Ludwigs, höfischen Glanz in die Stadt brachte. Nachdem der Bau als Ämtersitz, Gefängnis, Rentamt,

Dillingen, einst Universitäts- und Residenzstadt, hat das historisch gewachsene Zentrum über die Jahrhunderte bewahren können.
Von links: Die Königstraße mit dem Mitteltorturm ist die Hauptachse Dillingens geblieben.
Vor dem Dillinger Rathaus sorgen Sitzgruppen eines Cafés während der warmen Jahreszeit für südliche Atmosphäre.
Das ehemalige Universitätsgebäude Dillingens beherbergt heute die bayerische Akademie für Lehrerfortbildung und Personalführung.
Der mächtige Turm des Dillinger Schlosses kennzeichnete einst die Residenz der Fürstbischöfe von Augsburg.

Polizeistation und Altersheim gedient hatte, stand er nach 1967 zwanzig Jahre lang leer. Heute befindet sich im Erdgeschoss das »Forum für Schwäbische Geschichte«, das vom Bezirk Schwaben nach aufwändigen Renovierungsarbeiten für die Durchführung von Kulturveranstaltungen, insbesondere von Sonderausstellungen, geschaffen wurde.

An die Schlacht von Höchstädt (1704) erinnern noch immer gelegentliche Funde militärischen Geräts in den Äckern östlich der Stadt. Zweimal hat Winston Churchill das Gelände aufgesucht. In regelmäßigen Abständen kommen englische Elitesoldaten auf das Battle-of-Blenheim-Areal. Ein Denkmal an der Ortsausfahrt in Richtung Blindheim mahnt an die Toten dieser Schlacht, die mit dem Sieg Prinz Eugens dem Spanischen Erbfolgekrieg die entscheidende Wende gab.

Die Stadt Dillingen hat sich zum geschäftlichen Mittelpunkt des Landkreises Dillingen entwickelt. Ihre kulturelle Blütezeit erlebte die Stadt jedoch im 16., 17. und 18. Jahrhundert, als Jesuiten die Universität zu einem weithin bekannten Zentrum der Gegenreformation ausbauten. Dass Dillingen Universitätsstadt werden konnte, lag an einem Entschluss der Fürstbischöfe von Augsburg: Während der Reformationszeit verlegten sie ihre Residenz in das katholisch zuverlässige Dillingen und machten es zum »schwäbischen Rom«. Architektonische Zeugnisse belegen den Glanz dieser Epoche bis in die Gegenwart. Das mächtige fürstbischöfliche Schloss und die Basilika St. Peter sind die markanten Orientierungspunkte der Altstadt geblieben. Die Studienkirche, errichtet zu Beginn des 17. Jahrhunderts, gehört als modellhaftes Vorbild einer Wandpfeileranlage zu den berühmten sakralen Bauwerken Süddeutschlands. Diese ehemalige Universitätskirche

schließt sich an den eindrucksvollen Haupttrakt der ehemaligen Universität an. Das Gebäude gehört heute zur bayerischen Akademie für Lehrerfortbildung und Personalführung. Lehrerinnen und Lehrer aus allen Teilen Bayerns besuchen die Lehrgänge dieses Instituts, das auch im Ausland, insbesondere in China, praktische Entwicklungshilfe beim Aufbau von Lehrerfortbildungszentren leistet.

Von den einstigen Feindseligkeiten zwischen dem bischöflichen Dillingen und der protestantischen pfalzneuburgischen Nachbarstadt Lauingen ist heute nur noch in kabarettistischen Texten die Rede. Dillingen und Lauingen bilden sogar ein gemeinsames »Doppelmittelzentrum«. Die Bereitschaft der Lauinger Stadtverwaltung und der Einwohner zu Kooperation und Toleranz hat vor wenigen Jahren einen besonderen baulichen Ausdruck gefunden. Hier steht eine Moschee, die zahlreichen muslimischen Mitbürgern der Stadt ein Gefühl religiöser Heimat vermittelt.

Als zweite Residenzstadt der Herzöge Pfalz-Neuburg brachte es Lauingen zu großem Wohlstand. Die Fassaden der Bürgerhäuser mit ihren hohen Giebeln vor allem an der Herzog-Georg-Straße verstehen sich als Demonstrationen bürgerlichen Selbstbewusstseins. Die malerischen Winkel in den Vorstadtvierteln beeindrucken jeden Besucher. In Lauingens westlichem Stadtgebiet Faimingen erinnert der teilrestaurierte Apollo-Grannus-Tempel an die einstige Präsenz der Römer, die mit Kastell und Vicus Phoebiana die Donaugrenze sicherten. Erst seit 1981 ist der Name der ausgedehnten römischen Siedlung bekannt. Damals wurden unter der Pfarrkirche von Gundelfingen zwei Meilensteine mit entsprechenden Inschriften entdeckt.

Das Städteband an der schwäbischen Donau bietet touristische Attraktionen für Entdecker.
Von links: Wie Schwalbennester kleben Giebelhäuser an der einstigen Stadtmauer Lauingens wie hier im Unteren Brunnental.
Restaurierte Stadtkerne als moderner Geschäfts- und Lebensraum: Der Marktplatz von Günzburg.
Stilgerecht restauriert präsentiert sich die von Dominikus Zimmermann gestaltete Frauenkirche in Günzburg.
Als »Lichtwunder« erscheint dem Besucher das Innere der Günzburger Frauenkirche.

Gundelfingen, die vierte Donaustadt im Landkreis Dillingen, ist ein exemplarisches Modell für gelungene Altstadtsanierungen. Der Blick durch den Bogen des Torturms auf die Professor-Bamann-Straße ist inzwischen auf ungezählten Fotos festgehalten. Das Zentrum mit den renovierten Bürgerhäusern liefert den Beweis, dass historische Innenstädte malerisch bleiben und doch die Erwartungen an moderne Einkaufszonen erfüllen können.

Auch hier begegnen dem Einwohner und Besucher auf Schritt und Tritt Zeugnisse der Geschichte. Das Wappen Gundelfingens erinnert an die Stadterhebung in staufischer Zeit, die Reste der Befestigungen an manchen Ansturm von Feinden und an die besondere Unerschrockenheit der Gundelfinger. Für ihren tapferen Widerstand bei der Belagerung der Stadt durch Markgraf Albrecht Achilles in den Jahren 1461/1462 belohnte Bayerns Herzog Ludwig der Reiche die Stadt mit einem Privileg, das bis heute durch sehnsüchtige Kämmererträume geistert: Vierzehn Jahre lang wurde Gundelfingen die Hälfte der Stadtsteuer erlassen.

Kurz vor Günzburg grüßt von einem Hügel über der Donau die Reisensburg. Nachdem ihr ruinöser Zustand lange Zeit allenfalls Romantiker begeistert hatte, wurde das bis in römische Zeit zurückreichende Bauwerk restauriert und zum »Internationalen Institut für wissenschaftliche Zusammenarbeit« ausgebaut. In den Blickpunkt der Politik rückte die Burg, als sie 1989 einem Gipfeltreffen des Bundeskanzlers Helmut Kohl mit François Mitterrand den festlichen Rahmen sicherte. Damals beglich Mitterrand übrigens auch einen französischen Schuldenbetrag, der bis in das Jahr 1805 zurückreichte: Napoleon I. hatte in Günzburg eine Rechnung über 423 Gulden einfach nicht bezahlt.

Die Stadt Günzburg, an der alten Poststraße Wien – Paris gelegen, hatte in ihrer Geschichte immer wieder hohen Besuch. Die Habsburger Prinzessin Marie Antoinette machte auf ihrer Brautfahrt in Richtung Versailles mit 57 Wagen und 370 Pferden mehrere Tage Station in Günzburg. Der rege Verkehr auf dieser Route brachte Geld in die Stadt. Im 18. Jahrhundert befanden sich unter den 43 Häusern am Marktplatz 19 Gasthöfe mit eigenem Braurecht. Im heutigen Rathaus war von 1764 bis 1767 eine Münzstätte für Vorderösterreich eingerichtet. Der in Wien geprägte Maria-Theresia-Taler erinnert mit den Münzzeichen SF bis in die Gegenwart an die Günzburger Münzmeister Tobias Schöbl und Joseph Faby.

Heute bildet Günzburg mit der westlich gelegenen Stadt Leipheim ein Mittelzentrum. Die kommunale Gebietsreform hat die Mittelpunktstellung Günzburgs im nordwestlichen Schwaben gekräftigt. Diese Funktion verdeutlicht sich auch im regen Kulturleben, für das mit dem »Forum am Hofgarten« ideale Voraussetzungen geschaffen wurden.

Touristen und Kunstfreunde aus aller Welt gönnen sich einen Abstecher von der nahen A8, um in Günzburg die von Dominikus Zimmermann gestaltete Günzburger Frauenkirche zu besichtigen. Der Rokokobau gilt als architektonische Vorstufe zur Wieskirche. Noch mehr Interesse weckt inzwischen allerdings der weltweit vierte Lego-Park in der Nähe der Stadt. Legoland, erbaut aus fünfzig Millionen Lego-Steinen, wurde im Mai 2002 eröffnet und verzeichnete schon in der ersten Saison 1,3 Millionen Besucher.

Erich Pawlu

Der Ulmer Winkel

»Zwischen Iller und Günz liegt ein stilles, heiteres Stück Land: Hügel an Hügel, einmal bewegt in großen Wellenzügen aufgeworfen, einmal ruhig und sanft in die Ebene fließend; dunkeläugige Forste, die sich meilenweit am Horizont hinziehen, steigen und fallen ...« So idyllisch fand der Kunsthistoriker Herbert Schindler, einst auf der Suche nach dem Barock in Schwaben unterwegs, die Gegend im Ulmer Winkel.

Schon immer hat in Natur- und Kulturschönheiten schwelgende Poesie die Realität etwas ausgeblendet. Der Landkreis Neu-Ulm, der sich mit seinen 17 Gemeinden – unter ihnen die Große Kreisstadt Neu-Ulm und die Städte Senden, Vöhringen, Weißenhorn und Illertissen – in dem Landstrich zwischen Donau und Iller, dem sogenannten Ulmer Winkel, breit macht, ist in Wirklichkeit ein stark industrialisierter, verstädterter Raum. Obwohl flächenmäßig – er ist nur 515,6 Quadratkilometer groß – zu den kleinen Landkreisen im Freistaat zählend, ist er mit seinen mehr als 160.000 Bürgern nach Augsburg der zweitgrößte in Bayerisch Schwaben – alles andere als ein Paradies für zivilisationsflüchtige Einsiedler.

Innovationsregion, Sciencepark, Edisoncenter, Technologie-Förderungs-Unternehmen TFU, Illertal-Viererbande. Wenn vom Landkreis Neu-Ulm die Rede ist, bekommen ganz schnell Parameter der wirtschaftlichen Leistung – wie etwa das Bruttoinlandsprodukt oder die Steuerkraftzahl, bei der er an zehnter Stelle in Bayern rangiert – die Lufthoheit über den Stammtischen. Und fragt man Herrschaften mit Lodenkotze und linnenem Trachtenjanker, was ihnen Positives zum Landkreis Neu-Ulm einfällt, erhält man den hämischen Hinweis auf die optische Dauerleihgabe der Württemberger an ihren bayerischen Juniorpartner: gemeint ist der Blick auf die filigrane gotische Kathedrale, das Ulmer Münster, und die spitzgiebeligen Häuser des reichsstädtischen Fischerviertels. Tenor: Das Beste an Neu-Ulm ist der Blick auf Ulm. Was wohl heißen soll: Touristischer Kurzweil ist dieser Landstrich zwischen Donau und Iller nicht zugänglich und was die Kultur anbetrifft, ist er bestenfalls eine angenehme Null-Nummer.

Gut Ding will aber Weile haben. Es dauerte in der Tat eine Weile, bis die Stadt Neu-Ulm, 1810 als napoleonische Zangengeburt zur Welt gekommen, sich von einem anämischen Grenzort mit dem Namen »Ulm auf dem rechten Donauufer« zu einer stattlichen Gemeinde mit gesundfarbenem Kernseifengesicht entwickelte. Um Siedler für den schmutzbekrusteten kleinen Flecken auf dem bayerischen Donauufer zu gewinnen, hatte König Max I. Joseph den Brutkasten der Steuerermäßigung darüber gestülpt: Wer in Neu-Ulm baute, wurde fünf Jahre lang von der Haussteuer befreit; wer Moorgründe trocken legte und kultivierte, brauchte zehn Jahre lang keine Rustikalsteuer abzuführen. Für die Neu-Ulmer war es wie Musik in den Ohren, als sie am 5. Juni 1867 in der Augsburger Postzeitung zu lesen bekamen: »In wenigen Jahren wird Neu-Ulm mitten im Knotenpunkt von vier Bahnlinien, wovon zwei durch Bayern und zwei durch Württemberg laufen, eine der schönsten und belebtesten Städte Bayerns sein.«

Bevor ihr König Ludwig II. in seiner Einsiedelei auf Schloss Berg wie ein flüchtiger Göttertraum zerrann, richteten die von Avancierglut erfüllten Oberen der Landgemeinde an ihn die »allerunterthänigste Bitte, in die Reihe der Städte aufgenommen zu werden«. Vom unaufhaltsamen Aufstieg des Grenzortes entzückt, verlieh ihm der König am 29. September 1869 Stadtwürden. 1891 erhielt die praktisch aus dem

Seite 36/37: Die ehedem Freie Reichsstadt Ulm – im Bild das Fischerviertel – gab dem bayerischen Landstrich zwischen Donau und Iller den Namen. Oben: Die Ulmer Adlerbastei, von der aus 1811 A. L. Berblinger, bekannt als »Schneider von Ulm«, seinen misslungenen Flug unternahm. Mitte/unten: Zu Gast im Ulmer Fischerviertel.

Nichts entstandene Garnisons- und Beamtenstadt dann den Status der Kreisfreiheit, den sie freilich im Zuge der Gebietsreform 1972 wieder verlor, zum Trost dafür jedoch einen Bevölkerungszuwachs von 14.000 Einwohnern sowie eine Verdoppelung des Gebietes auf 80 Quadratkilometer beschert bekam.

Nach über 130 Jahren Stadt ist von biedermeierlicher Schlafmützigkeit in der Großen Kreisstadt nichts mehr zu merken. Übrigens auch nicht in den übrigen vier Städten des Landkreises: Illertissen, Senden, Vöhringen oder Weißenhorn. Spätestens seit Mitte des 19. Jahrhunderts, als talentierte Unternehmer die Wasserkraft der Iller für Webereien und Metallwalzwerke nutzten, spulte sich hierzulande ein atemberaubendes Entwicklungsprogramm ab, das den Landkreis mit über 300 Einwohnern pro Quadratkilometer zu einem der dichtest besiedelten im Freistaat werden ließ.

Ein ganz besonderer Karrieresprung steht der Stadt Neu-Ulm aber erst noch ins Haus. Wenn – wie es das Programm »Neu-Ulm 21« vorsieht – dereinst einmal die Gleisanlagen der Bundesbahn, die das Stadtgebiet zerschneiden, tiefer gelegt sind, kann zusammenwachsen, was zusammen gehört: der alte Stadtkern und die gerade auf dem Areal der ehemaligen amerikanischen Wiley-Kaserne entstehende Südstadt. Mit der Landesgartenschau 2008 wird dann auch die Vision Wirklichkeit, zwischen Donau, der Südstadt mit ihrem zukunftsorientierten Tele-Viertel und dem Stadtteil Ludwigsfeld ein Netz aus üppig begrünten Freiflächen zu spannen. Dort ließe es sich an Sommermonaten unter seidigblauem Himmel auf eine der Bänke fallen …

Doch den Luxus einer Auszeit kann man sich im Ulmer Winkel natürlich heute schon gönnen: Kaum eine Gemeinde, in der man nicht einen kastanienüberdachten Biergarten fände, von dem aus man die Tage hinter dem Turm einer Dorfkirche hinabsinken sieht. Weil es hierzulande keine extremen Ausformungen der Landschaft gibt, wie sie etwa die Berge vorstellen, also eine Gegend in erschütternd normaler Version anzutreffen ist, empfiehlt es sich, den Landkreis einmal auf Hochdruckpneus entlang der gut ausgebauten Radwege an Donau und Iller zu erforschen. Sehr schnell erschließt sich, was Marketing-Strategen mit dem papieren rappelnden Ausdruck »weiche Standortfaktoren« belegen: Kunst, Kultur und Naturschönheiten.

Naturschönheiten spürten schon die Bewohner des römischen Götterhimmels auf: Sie wählten Badeplätze an Donau und Iller als Liegewiese. Einer von ihnen, der Flussgott Danuvius, schaut alljährlich beim »Nabada« mit seinem bunten Gefolge vorbei. Das Nabada, so etwas wie ein Geleitzug schwimmender Glossen auf der Donau, zu dem sich alljährlich an einem Montag im Juli Zehntausende Schaulustiger draußen auf den Uferwegen und Hunderte von Nabadern drinnen in den Donaufluten köstlich amüsieren, verdient unter den Bräuchen und Traditionen das Qualitätssiegel »echt«. Genauso wie der Leonharditritt in Weißenhorn, der zu den prächtigsten in weißblauen Gefilden zählt, oder die am 15. August stattfindende Leiberprozession in Roggenburg – eine Erinnerung an die Zeit der Religionswirren, in der die »Blutzeugen« der Katakombenheiligen den ins Wanken geratenen katholischen Glauben unterfüttern mussten.

Überhaupt: in Roggenburg ist recht schnell das Unbehagen an der Monotonie städtischen Lebens vergessen. Einmal sich selbst und die Natur erfahren: das Kloster Roggenburg – bis vor 200 Jahren noch der

Oben: Die »Blaue Traube« in Obenhausen.
Mitte: Das Torhaus in Illereichen. In diesem idyllischen Ort wurde 1999 das »Europäische Frauenforum« aus der Taufe gehoben.
Unten: Entrée der Fuggerstadt Weißenhorn mit dem wuchtigen Oberen Tor, dem Neuen Rathaus und dem nördlich angrenzenden Waaghaus.

geistige Mittelpunkt eines 50 Quadratkilometer großen Staates, heute von den 1982 zurückgekehrten Prämonstratenserpatres mit einem Bildungszentrum für Familie, Umwelt und Kultur wieder aus dem Dornröschenschlaf erweckt – ist der Bühnenraum, der ein solches Erlebnis ermöglicht. Mehr noch als in Ottobeuren, wo er die Basilika samt palastartigem Klosterbau errichtete, zeigt der Baumeister Simpert Kraemer aus Edelstetten in Roggenburg seine empfindsame und spielerische Begabung für Architekturplastik. Den Rhythmus der bewaldeten Anhöhe über dem Bibertal elegant aufnehmend, strahlt die Klosterkirche feierliche Erhabenheit und freudige Gefasstheit aus.

Schön, wenn die Sonne scheint: Bei einer Bootsfahrt auf dem Klosterweiher kann der Besuch des einstigen Reichsstiftes harmonisch nachklingen. Dem Muskelkater durch eine Runde Schwimmen zu Leibe zu rücken, gelingt bei herbstlichen Temperaturen wohl nur herkulischen Naturen mit Südpol-Erfahrung. Hartnäckige Beschwerden lassen sich jedoch auf den Sprudelsitzen im Thermalbecken des »Atlantis« in Neu-Ulm beheben, Süddeutschlands derzeit modernster Badetempel, in den Thermalwasser aus 1000 Meter Tiefe sprudelt und der Computer 21 verschiedene Wellen an die Beckenränder rollen lässt.

Zum Lockern von Streckern und Beugern ist natürlich auch das »Nautilla« in Illertissen hervorragend geeignet, wenn einem das unangenehme Gesumme stechfreudiger Paarflügler an der »Riviera« der vielen zu Badeseen verwandelten Kiesgruben das Nervenkostüm zerfetzt. Außerdem kann man in Illertissen – wegen seiner Schulbrüder mit dem Ehrentitel »Oxford des Illertals« geschmückt –, noch die von der Memminger Patrizierfamilie Vöhlin in eine weitläufige Schlossanlage umgestaltete Burg samt dem dort untergebrachten Heimatmuseum besichtigen, in das im November 1983 eine veritable Königin namens »Apis mellifica« Einzug hielt: eine Bienenkönigin, die in dem renommierten Bienenmuseum Hof hält. Nicht zu vergessen die Pfarrkirche St. Martin, ein Monument antikischen Renaissancegeistes, mit dem an plastischen Details überreichen Hochaltar des Neuburger Bildhauers Christoph Rodt, der in einer Höhe von über elf Metern musizierende Engel ein »Empfangskomitee« für eine Figurengruppe bilden lässt, die sich voll pulsierenden Lebens pyramidal nach oben erhebt.

Manchmal gerät auch die Wiederzufuhr der beim Pedaltreten abgearbeiteten Kalorien zur Sinnenfreude. Zwar durchwabert der Frittenduft auch die hiesige Gastronomie, aber es gibt es noch, das Dorfgasthaus –

Oben: Aus dem Dornröschenschlaf geweckt: das Kloster Roggenburg.
Mitte: Die klösterliche Bibliothek.
Unten: Ein Monument antikischen Renaissancegeistes: der Altar von Christoph Rodt in Illertissens katholischer Stadtpfarrkirche St. Martin.

Nachfragen bitte an den Verlag richten –, in dessen Küche jene köstlichen Ehen zwischen Spätzle und einem kräftigen Rostbraten samt gebräunten Zwiebeln gestiftet und in Streifen geschnittene Eierkuchen in eine Flädlessuppe verwandelt werden. Dass in einigen von ihnen, nämlich in Biberach und in Messhofen, junge Braumeister Bier-Spezialitäten anbieten, macht die Entscheidung oft schwer: Radler-Halbe oder ein original Naturtrübes?

Man nennt diese Dorfgasthäuser auch Akademien der Geselligkeit. Was vor allem dann zutrifft, wenn der Landkreis alljährlich zwischen November und Februar zum Theaterwunderland mutiert. In diesen Wochen hallen die Wirtshaussäle vom fröhlichen Juchhu des Komödienspiels wider, in dem die Ortsbäuerin eine ganze Batterie Männer becirct, der Postbote den Mitgiftjäger gibt und der Pfarrer Liebesschwüre säuselt. Das Bühnenfieber grassiert wie eine Krankheit. Wie anders kann man sich erklären, dass Weißenhorns katholischer Gesellenverein 1876 in das Dachstübchen eines »Feuerwehrrequisitenlokals« ein Theater en miniature mit erlesenster klassizistischer Dekorationsmalerei einbaute? Wenn sich dort der Vorhang für eine buffoneske Barockoper öffnet: Theaterherz, was willst du mehr …

Doch die Sehnsucht nach etwas Dekor wird auch gestillt durch eine Stippvisite in Weißenhorn. Gerade 300 Meter lang und 175 Meter breit ist das von einer Befestigung umschlossene Oval, in das sich, als scharte sich alles in der Kälte um ein Feuer, gleich zwei Schlösser, eine Kirche, das Rathaus, das oben erwähnte Theater und eine ganze Anzahl eng aneinander gelehnter, pittoresker Bürgerhäuser drängen. Den Eingang markiert ein massiger Torturm mit zwei runden Vortürmen. Berühmt das Fresko in der Torbogenblende, mit dem der Weißenhorner Kunstmaler Anton Bischof (1877–1962) den 12.000 aufgebrachten Bauern, die am 1. April 1525 vor das Obere Tor gezogen kamen, in leuchtend-expressionistischen Farben ein Denkmal setzte. Vom Erdgeschoss des Büchsenstadels bis in die Helmspitze dieses Tores hat sich das Heimatmuseum eingenistet, das seinen Besuchern mit kultur- und kunsthistorischen Raritäten erster Güteklasse die Aufwartung macht und – man glaubt es kaum – vier getuschte Orientalenköpfe des genialen Venezianers Giovanni Battista Tiepolo sein Eigen nennt.

Museen gibt es im Ulmer Winkel in seltener Packungsdichte. Für Asterix-Verehrer sind zum Beispiel die »Neu-Ulmer Museen am Petrusplatz« ein absolutes Muss, findet man doch dort in der Prähistorischen Sammlung jenes überaus prächtige Pferdegeschirr samt Tongefäß mit Schweinshaxe, die wohl einem keltischen Fürsten, dessen Grabhügel einst weithin sichtbar aus der Illerberger Flur ragte, als Wegzehrung für die Reise ins Jenseits diente. In die benachbarten Räume haben Skulpturen und Gemälde des in Neu-Ulm geborenen Edwin Scharff Einzug gehalten, eines Zeitgenossen von Lehmbruck, Barlach und Kolbe.

Ein attraktives Domizil haben die ortsansässigen Künstler seit 1999 vom Landkreis zur Verfügung gestellt bekommen: Im ehemaligen Bräuhaus in Oberfahlheim, einem spätbarocken Kleinod mit zweigeschossigem Zwerchgiebel, bekamen sie ein »Museum für bildende Kunst« eingerichtet. Innen demonstrieren in Wechselausstellungen und in der Präsentation der landkreiseigenen Kunstsammlung die einheimischen Malerinnen und Maler, wie anregend und aufregend Kunst aus der Provinz sein kann.

Nicht nur aufregend, sondern höchst aufwühlend und ein politisches Beben ankündigend war jenes Ereignis, das Pater Benedikt Baader, der Archivar des Klosters Oberelchingen, am Montag, den 14. Oktober 1805, früh um halb Acht seinem Tagebuch anvertraute: »Gleich einer schwarzen Gewitterwolke, die Hagel und Sturm verkündet, zogen die französischen Heere auf den Straßen von Ulm, Steinheim, Straß und Fahlheim heran und stellten sich in Schlachtordnung.« Es dauerte nicht lange und aus den Donau-Auen brach die französische Angriffsspitze in ihren weißblauen Uniformen hervor und trieb die Österreicher im Feuerhagel der Geschütze Schritt für Schritt den Klosterberg hinauf. Einige Kanonenkugeln waren auch in die Kirche des ehemaligen Benediktiner-Reichsstiftes geflogen. Als Napoleon am Vormittag des 16. Oktober 1805 in Siegerlaune das Gotteshaus visitierte, war er von dem ganz in Weiß und Gold gehaltenen frühklassizistischen Schmuck überwältigt: »C'est vraiment le salon du Bon Dieu!«

Der Salon des lieben Gottes gehörte damals schon dem bayerischen Kurfürsten: Er hatte ihn von Napoleon als Entschädigung für den Verlust der linksrheinischen Gebiete erhalten. Doch mit dem jähen Ende des Heiligen Römischen Reiches kam nicht nur für das Benediktiner-Reichsstift Elchingen das Aus, sondern auch für den Klosterstaat der Prämonstratenser in Roggenburg. Das zum Königreich erhobene Bayern hatte auch bald das Sagen über die Puzzleteile, die das vorderösterreichische Habsburg im Gebiet des Landkreises erworben hatte, sowie das rechtsdonauische ehemalige reichsstädtisch-ulmische Gebiet. Es hat lange Zeit gedauert, bis Neu-Ulm und sein Landkreis zu selbstbewussten Partnern Ulms geworden sind.

Eduard Ohm

Seite 42: Ganz in Weiß und Gold: die Pfarrkirche St. Peter und Paul und ehemalige Benediktinerabteikirche in Oberelchingen.
Seite 43, oben: Von herrschaftlichem Hauch umweht: das Schloss in dem Neu-Ulmer Stadtteil Hausen.
Mitte: Eine gotische Landkirche von erlesener Rarität – St. Margareta in Reutti.
Unten: Die Stadt und das ganze Illertal überblickend – das Vöhlinschloss in Illertissen.
Fotos S. 39/41/43: Designbüro Bauer & Partner, Neu-Ulm

Mittelschwaben

Mittelschwaben, gibt es das überhaupt? Und wenn ja, wo liegt es? Ist es ein Schwaben der Mittel oder der Mitte, zu der unsere Parteien so gern drängen? Ist es gar ein mittelmäßiges Schwaben? Zu Nordschwaben, klar, gehört zum Beispiel das Ries, zu Südschwaben das Allgäu, wo aber liegt Schwaben in der Mitten?

Es ist schon schwer genug, einem Auswärtigen zu vermitteln, dass es Schwaben nicht nur in Württemberg, sondern auch zwischen Iller und Lech gibt. Dem auswärtigen Besucher, beispielsweise des Legolandes in Günzburg, wird der Hinweis, Schwaben sei »Keine laute Provinz« (so eine Edition schwäbischer Literatur), kaum weiterhelfen. Um so schwerer fällt es selbst Einheimischen, den mittelschwäbischen Raum zu definieren. Weder die Bezeichnungen der drei schwäbischen Planungsregionen Augsburg, Donau-Iller und Allgäu noch die Namen von Landkreisen wie Dillingen, Neu-Ulm, Günzburg und Unterallgäu helfen hier weiter: Es gibt keine Verwaltungsgliederung oder Gebietskörperschaft, die Mittelschwaben heißt. Mithin bleibt zunächst nur die negative Abgrenzung. Dillingen oder gar das Donau-Ries müssen dem Norden, Neu-Ulm dem Westen und das Allgäu ab dem Landkreis Unterallgäu dem Süden Schwabens zugerechnet werden, Augsburg und der gleichnamige Landkreis dürften schon aufgrund ihrer sozio-ökonomischen Verflechtungen zu Aichach und Friedberg eher dem Osten Schwabens zuzuordnen sein, ohne dass sie je als Ostschwaben bezeichnet worden wären.

Was gewissermaßen übrig bleibt, ohne dass es erlaubt wäre, vom Rest zu sprechen, ist also der Landkreis Günzburg, zumindest sein südlicher Teil. In Günzburg gab es jahrzehntelang die Nordschwabenausstellung, in Krumbach dagegen, das sich selbstbewusst als Herz Mittelschwabens bezeichnet, erscheinen die »Mittelschwäbischen Nachrichten« (eins der Heimatblätter der »Augsburger Allgemeinen«). In dieser Zeitung wird auch nach der Kreisreform des Jahres 1972 häufig über den »Altlandkreis Krumbach«, in Anknüpfung an den früheren Sitz des Landratsamtes, berichtet. Hier wie in Neuburg an der Kammel, beide im früheren Landkreis Krumbach gelegen, dürfen wir uns also auf gesichertem mittelschwäbischem Terrain fühlen. Gilt das auch für den Norden des heutigen Landkreises Günzburg, der dem Ganzen seinen Namen gab? Lassen wir uns belehren, wo bekehren sowieso entbehrlich scheint. Der Markt Jettingen-Scheppach, auf dessen Gebiet Allerheiligen steht, bezeichnet offiziell sein Gemeindegebiet als »die Mitte Bayerisch-Schwabens«. Na also, dann gehört natürlich das auf gleicher Höhe gelegene Wettenhausen auch dazu. Wir befinden uns demnach bei allen hier zu schildernden Sehenswürdigkeiten in einem zumindest gefühlten Mittelschwaben, einer reizvollen und geschichtsträchtigen Landschaft, die Kostbarkeiten und Schätze nicht nur beherbergt, sondern auch gern präsentiert.

Krumbach

Wer sich der Stadt von Norden nähert, ist auf Anhieb von deren Lage in einem überschaubaren Tal angetan, die einen Blick über eine reizvolle Dachlandschaft mit vielen Türmen als Fingerzeigen eröffnet und schon von weitem Schönheit und Überschaubarkeit erahnen lässt. Zwar führt der Weg talwärts zunächst an den allerorts üblichen Nutzflächen von Gewerbe, Handel und des Verkehrs vorbei, doch schon rasch erschließt sich die kleinteilige

Titelbild: Innenansicht der Krumbacher Stadtpfarrkirche St. Michael, eines der Hauptwerke von Simpert und Johann Martin Kraemer.
Linke Seite: St. Michael, Identität stiftend und zugleich prägend für den Stadtkern Krumbachs.
Unten: Das Krumbad hat sich einen hervorragenden Ruf als Kur- und Heilbad erworben. Die Wälder der Umgebung laden zu Spaziergängen ein.

Schönheit eines gewachsenen Gemeinwesens, das 1895 zur Stadt erhoben wurde. Dieser hoheitliche Verleihungsakt wurde jedenfalls 1995 freudig gefeiert, weniger die Kreisreform des Jahres 1972, die mit der Abgabe des Landratsamtes, des Finanzamtes und des Amtsgerichts an die Große Kreisstadt Günzburg einherging.

Mit der Förderung von Schulgründungen und der Ansiedlung von Wasserwirtschaftsamt und Polizeidirektion versuchte der Freistaat Bayern, die Folgen der Gebietsreform wenigstens teilweise wettzumachen. Zum Verlust an Zentralität gesellte sich jedoch nach wie vor die Ungunst der Verkehrslage: immer wieder musste um den Erhalt der eingleisigen Bahnstrecke nach Günzburg und Mindelheim gekämpft werden, und die Autobahnen A7, A8 und A96, die mit Ausfahrten auch auf Krumbach hinweisen, sind jeweils ca. 25 km von der Stadt entfernt.

Gleichwohl hat sich der früher vorderösterreichische Markt seine Eigenständigkeit bewahrt. Nach wie vor pulsiert das Leben in dieser Stadt, die sich als Mittelpunkt eines ländlich strukturierten Umlandes behaupten konnte, dessen Bevölkerung sich gern in der ehemaligen Kreisstadt bildet und erholt, in ihr einkauft und arbeitet. Ungebrochene Vitalität kennzeichnet die zentralörtliche Funktion des Mittelzentrums. Identität stiftend und zugleich prägend für den Stadtkern sind die Stadtpfarrkirche St. Michael (eines der Hauptwerke von Simpert und Johann Martin Kraemer) und das benachbarte Schloss (es entstand im frühen 16. Jahrhundert zur Zeit der Ortsherrschaft des kaiserlichen Rates Hans Lamparter von Greiffenstein) sowie der Marktplatz mit dem historischen Rathaus. 1679 erbaut, steht es frei in der Mitte eines von schönen Bürgerhäusern geprägten Umfeldes und vermittelt Stolz im Innern ohne Hochmut nach außen.

Das Museum und der Judenfriedhof erinnern an eine Zeit, als Krumbach die Heimat einer bedeutenden jüdischen Gemeinde war, die Friedhofskapelle St. Maria mit dem großflächigen Weihnachtsbild von Konrad Huber bestärkt den Ruf Krumbachs als zentraler Ort im schwäbischen Krippenparadies.

Schließlich unterstreicht das Hürbener Wasserschloss den Eindruck von einer Stadt im Grünen ebenso wie das nahe Krumbad, das einen hervorragenden Ruf als Kur- und Heilbad genießt und zu erholsamen Wanderungen durch die umgebenden Wälder einlädt.

Alles in allem ist Krumbach eine liebenswerte Kleinstadt, die ihre Rolle nicht zu suchen braucht. Kleinteiligkeit, Überschaubarkeit und Flair laden dazu ein, sie näher kennenzulernen und in ihr nicht schwäbisches Mittelmaß, sondern das Maß Mittelschwabens zu finden.

Neuburg an der Kammel

Erschließt sich der Reiz Krumbachs beim ersten Anblick von der Höhe durch einen Blick in die Tallage, ist es in Neuburg eher umgekehrt: Torturm und Hauptbau des ehemaligen Vöhlinschlosses lenken den Blick des Ankommenden nach oben. Das 1567 im Stil der Renaissance errichtete Bauwerk diente der wohlhabenden Memminger Kaufmannsfamilie Vöhlin als Residenz. Eine Lindenallee führt zum Schlosshof, und von dort gelangt der Besucher in die liebevoll restaurierten Räume des heute als Gastronomie- und Hotelbetrieb dienenden Gebäudes, das von zwischenzeitlich staatlichem und später Freiherr von Arentinschem Besitz 1998 in das Eigentum des Gundelfinger Geschäftsmanns Peter Baumann überging. Musik und Tanz, familiäre Feiern und Märkte haben das Schloss und sein Umfeld zu neuem Leben erweckt.

Von der Höhe des Schlossplateaus in den Ort hinabzusteigen, lohnt sich aus vielen weiteren Gründen. Wer sich als Gläubiger, Kunstverständiger oder schlicht als Tourist mit offenen Augen auf den Weg macht, kann in der Pfarrkirche Mariä Himmelfahrt eine der seltenen vollplastischen Darstellungen der Kreuzabnahme bewundern. Sie ist das Werk des wohl größten Sohnes der Marktgemeinde, des hochbefähigten Bildhauers Christoph Rodt (1578–1634), an den mit einer Gedenktafel an einem Fachwerkhaus unterhalb der Pfarrkirche erinnert wird. Rodts Skulpturengruppe besteht aus Einzelfiguren, die eine szenische Einheit bilden und aus verschiedenen Blickwinkeln auf den Betrachter einwirken. Zum Markt Neuburg an der Kammel gehört seit 1978 auch Edelstetten als einer der eingemeindeten Ortsteile. Das Schloss von Edelstetten, eine dreigeschossige Stiftsanlage mit Binnenhof, erbaut zwischen 1682 und 1705, wird derzeit mit Hilfe öffentlicher Fördergelder substanzerhaltend instandgesetzt. Die prächtig ausgestattete Kirche zählt zu den Hauptwerken des Edelstettener Baumeisters Simpert Kraemer. Eigentümer der Klosteranlage sind die Fürsten Esterházy, die eine öffentliche Nutzung des Schlosses durch das Archiv für Schwäbische Literatur begrüßen. Das Archiv hat das Schloss mit seinem pittoresk gestalteten Chinesischen Saal bereits durch eine Reihe publikumswirksamer Veranstaltungen in den Mittelpunkt des öffentlichen Interesses gerückt, insbesondere durch die Verleihung des Bayerisch-Schwäbischen Literaturpreises und des Wettbewerbs »Schüler schreiben Geschichten«. Zusammen mit seiner sehenswerten Schlosskirche ist die Anlage auf einem guten Weg, sich zu einer weiteren Attraktion Neuburgs zu entwickeln.

Oben, rechte Seite: Das Schloss Neuburg an der Kammel, ein Renaissance-Bau, ist zu neuem, gastlichem Leben erweckt worden. Blumenschmuck vor Fenstern dokumentiert das Lebensgefühl der Bewohner, die sich zu ihrem örtlichen Umfeld bekennen.

Wettenhausen

Mag der Chinesische Saal in Edelstetten zunächst nur wenigen ein Begriff sein, so reicht doch die Strahlkraft des Kaisersaals in Wettenhausen weit über die engeren Grenzen der Gemeinde hinaus. Apropos Strahlkraft: viele bedauern mit Recht, dass die im Zuge der Gebietsreform gebildete Einheitsgemeinde nicht den Namen Wettenhausen, sondern die eher künstliche Bezeichnung »Kammeltal« erhielt. Schließlich gehört der heutige Gemeindeteil Wettenhausen zu den kirchen- und kunsthistorisch herausragenden. Sein Kloster, ein herrlicher Bau aus der Barockzeit, gehört zu den Kostbarkeiten Mittelschwabens. Die Zwiebeltürme der Klosterkirche aus dem Jahr 1612 entsprechen dem landschaftstypischen Erscheinungsbild der Einheit von Kultur und landschaftlicher Schönheit. Im 12. Jahrhundert Augustiner-Chorherrenstift, heute Kloster des Ordens der Dominikanerinnen und Sitz eines vom Schulwerk der Diözese Augsburg getragenen Gymnasiums, präsentiert sich Wettenhausen als die imposanteste Klosteranlage in Mittelschwaben.

In Kirche und Kloster, die eine harmonische Einheit bilden, entfaltet sich die Kunst der Wessobrunner Stukkatoren. Insbesondere die Aula, 1694 als erster Kaisersaal der schwäbischen Stifte mit Stuck und Fresken ausgestattet, vermittelt mit seinen zehn Freskoallegorien, dem von Wand zu Wand reichenden gezähnten Blattwerk der Akanthusdistel, den darin eingetieften elf Medaillons und den Engeln neben dem

Hauptbild bezwingende Eindrücke eines religiös motivierten, das Haus Habsburg rühmenden und künstlerisch durch den Reichtum der Formen stilistisch gebändigten Gestaltungswillens. Der Betrachter erlebt einen Raum: seine Größe, seine abgestimmten Proportionen, seinen Schmuck. Form, Licht und Farbe bilden ein Gesamtkunstwerk, dessen Wirkung Respekt erheischt und Bewunderung für eine architektonische und künstlerische Leistung von hohem Rang auslöst.

Der Kaisersaal wurde 1694 von Hans Jörg Brix aus Günzburg stuckiert, der Bildhauer der überlebensgroßen Engelsgestalten ist leider unbekannt, die elf Fresken, die das Haus Habsburg verherrlichen sollten, wurden von Paul Etschmann aus Wiblingen gemalt. Der Saal hatte nach seiner Säkularisation und später während des Zweiten Weltkrieges viel an Schönheit eingebüßt. In seiner früheren Pracht wurde er 1964–65 zur Hundertjahrfeier der Dominikanerinnen in Wettenhausen wiederhergestellt.

Allerheiligen

Die prächtige Kirche »Allerheiligen« dokumentiert die Zugehörigkeit auch des nördlichen Landkreises Günzburg zum »Schwäbischen Barockwinkel«, einer gekonnten Sprachschöpfung in der Diplomarbeit von Claudia Jahn, Offingen, über den Fremdenverkehr in dieser Region. Dieser Begriff ist auch auf den braun-weißen touristischen Hinweisschildern zwischen den Autobahn-Anschlussstellen an der A8 zu lesen.

Wer von Scheppach, einem der Gemeindeteile des Marktes Jettingen-Scheppach, zum Fuß des »Heiligen Berges« kommt, hat noch über hundert »Stapfeln« vor sich, bis er auf dem Plateau des Bergkegels, einer bewaldeten, früher befestigten Anhöhe, angelangt ist und den Blick weit über die Landschaft genießen kann. Er steht zugleich vor dem Langhaus einer im Stil des Rokoko erbauten Kirche, aus deren südlichem Chorwinkel der Turm ragt. Auf der Nordseite der Kirche ist ein Klausnerhäuschen angebaut. Um den Turm legt sich ein zweigeschossiges Priesterhaus, das auch die Sakristei enthält und im Obergeschoss ein Oratorium für den Chor.

Das Langhaus wurde 1731–32 von Simpert Kraemer aus Edelstetten erbaut. Breite Pilaster mit Sockel, Basis und Kapitell gliedern die von vier rundbogigen Fenstern durchbrochene Außenwand.

Der Chorraum von Allerheiligen zeigt sich als richtungweisendes Frühwerk Joseph Dossenbergers. Als Bauzeit werden die Jahre von 1753 bis 1755 angenommen. Der Wettenhausener Stiftsbaumeister hat auf dem Heiligen Berg Dominikus Zimmermanns Motiv der ausschwingenden Längswand aufgegriffen, das den Charakter des Chorgrundrisses durch Verstärkung des zentralen Raumgehalts zusätzlich bekräftigt. Die Fresken an den Decken und Emporenbrüstungen, insgesamt 26 Bilder, zählen zu den wichtigsten Werken im Œuvre Johann Baptist Enderles. Ihre Motive reichen von der Anbetung der Könige bis zu Darstellungen von Jesu Kindheit. Diese Wallfahrtskirche Allerheiligen gehört zu den mittelschwäbischen Glanzpunkten von überregionaler Bedeutung. An der Stelle, an der seit dem 14. Jahrhundert in Wallfahrten vornehmlich um glückliche Niederkunft gebetet wurde, erhebt sich, weit ins mittelschwäbische Land sichtbar, eine Kirche, in der seit Jahrzehnten am letzten Sonntag im September das Schwäbische Mariensingen Besucher aus nah und fern anzieht. Volksfrömmigkeit und hohe Kunst gehen hier eine untrennbare und harmonische Verbindung ein.

Linke Seite: Wettenhausen, heute Kloster der Dominikanerinnen und nach wie vor den Blick auf das Kammeltal dominierend.
Oben: Baumbestandene Straßen prägen die Ortsbilder Mittelschwabens und verstärken die Wirkung vom Eigentümerstolz zeugender Häuser.

Nach dem Besuch des Gotteshauses bietet sich die Einkehr in die der Kirche benachbarte Gaststätte an. Jakob Seiter, der am »Heiligen Berg« eine 125-jährige Familientradition fortführt, erfreut als Wirt die Gäste mit Zithermusik und lädt sie zum Mitsingen ein. Mit hausgemachten Brotzeiten aus eigener Metzgerei und Jagd verlockt er an sonnigen Tagen zum Verweilen unter den ebenfalls 125 Jahre alten Kastanienbäumen.

Nicht zuletzt hier in Allerheiligen zeigt sich, ebenso wie an den anderen Orten, dass sich in einer zwar lieblichen und reizvollen, gleichwohl aber unspektakulären Landschaft Werte herausgebildet haben, die, über Generationen gewachsen, nichts von ihrer Bedeutung für die Menschen einbüßten. Hochrangige, aber unprätentiöse Kunst, Gläubigkeit ohne Frömmelei, Heimatverbundenheit ohne Abschottung laden zu einem Besuch Mittelschwabens ein. Es ist in der Tat keine laute Provinz, und es ist überhaupt keine Provinz, wenn darunter die Verengung des Blickfeldes verstanden wird. Mittelschwaben ist aber im guten Sinne Provinz, wenn damit eine Lebensform gemeint wird, die sich nach außen öffnet und die eigenen Wurzeln nicht verleugnet, sondern sich in selbstverständlicher Weise zu ihnen bekennt.

Rudolf Köppler

AUGSBURG

VOM SCHWIMMEN IN SEEN UND FLÜSSEN

Im bleichen Sommer, wenn die Winde oben
Nur in dem Laub der großen Bäume sausen
Muß man in Flüssen liegen oder Teichen
Wie die Gewächse, worin Hechte hausen.
Der Leib wird leicht im Wasser. Wenn der Arm
Leicht aus dem Wasser in den Himmel fällt
Wiegt ihn der kleine Wind vergessen
Weil er ihn wohl für braunes Astwerk hält.

Der Himmel bietet mittags große Stille.
Man macht die Augen zu, wenn Schwalben kommen.
Der Schlamm ist warm. Wenn kühle Blasen quellen
Weiß man: ein Fisch ist jetzt durch uns geschwommen.
Mein Leib, die Schenkel und der stille Arm
Wir liegen still im Wasser, ganz geeint
Nur wenn die kühlen Fische durch uns schwimmen
Fühl ich, dass Sonne überm Tümpel scheint ...

Bertolt Brecht

Über Bertolt Brechts schwieriges Verhältnis zu Augsburg ist viel geschrieben worden. Und doch spürt man in seinen frühen Gedichten eine tiefe Übereinstimmung mit dem Ort. Brechts Jugendlyrik ist von Wasser durchflossen wie seine Heimatstadt. Da sind die Flüsse Wertach und Lech, die sich nördlich der alten Stadt in der Wildnis der Wolfzahnau vereinigen. Da sind die Lechauen, aus den Kiesbänken des grünen Flusses herauswachsende Urwälder mit Tümpeln und Teichen, verborgen unter Lianen und Baumwurzeln, wo man sich leicht auflösen kann zwischen Himmel und Wasser.

Aus diesem Wasser speisen sich auch die vielen Kanäle und rauschen durch die Stadt von Süd nach Nord. Sie sind streckenweise – ein großzügiges Geschenk der Stadt an ihre Bewohner – mit Einstiegsleitern und gepflegten Uferstreifen zum Baden hergerichtet, so dass man sich unter den Silbererlen treiben lassen oder auch, je nach Stimmung, gegen den Strom schwimmen kann. Der Eiskanal kam sogar zu olympischen Ehren, als im Jahr 1972 dort die Kanuwettbewerbe abgehalten wurden. Am Eiskanal liegt auch das historische Wasserwerk, ein Schmuckstück aus dem Ende des 19. Jahrhunderts, das (wie auch die Anlage in der Wolfzahnau mit ihren prachtvollen Ziegelrundbögen) beweist, dass die Kraft des Wassers die Augsburger schon immer zu innovativer Technik und hochwertiger Architektur angeregt hat. Der Hochablass mit seinem hübschen spitzgrünen Türmchen steuert und kanalisiert die Lechgewalt über die ganze Breite des

Der Augustusbrunnen, erster Augsburger Prachtbrunnen, 1594 von Hubert Gerhard modelliert, vor dem von Elias Holl 1615–1620 erbauten Rathaus (vorherige Seite).
Der Herkulesbrunnen, entworfen von Adriaen de Vries, mit Blick auf die Kirche St. Ulrich (oben).
Zum 2000-jährigen Stadtjubiläum 1985 wurde der Goldene Saal im Rathaus, 1944 nach einem Fliegerangriff ausgebrannt, nach alten Entwürfen wieder rekonstruiert (unten).

Flusses. Oben auf dem Steg erleben die staunenden Besucher, wie sich der in aller Ruhe von Süden daherziehende Strom, die grüne Oberfläche mit Enten und gelassenen Schwänen geschmückt, im Wehr unter seinen Füßen in brodelndes Chaos verwandelt. Und wer unten auf den Kiesbänken sicher in der Sonne liegt, genießt mit leichtem Schaudern das Donnern der herabstürzenden Wassermassen.

Auch im Herzen der Stadt ist das Wasser allgegenwärtig. Drunten im Lechviertel wurden die Kanäle – Vorderer, Mittlerer und Hinterer Lech – von klugen Stadtsanierern wieder aufgedeckt. Seit dem Mittelalter hatten sie den Handwerkern dort die Energie geliefert und auch die Abfälle fortgeschwemmt, und heute sprudeln sie so frisch unter den unzähligen Brückchen durch, dass das historische Viertel gar keine Chance hat, museal zu erstarren. Wasser rauscht auch an Brechts Geburtshaus vorbei, Auf dem Rain 7; es ist nur über einen Steg zu erreichen. Angeblich hat Augsburg mehr Brücken als Venedig. Aber auch droben in der Maximilianstraße beherrscht das Wasser den Straßenraum, kunstvoll gefasst in den drei Prachtbrunnen. Im Spiel der Fontänen gewinnen die Figuren von Augustus, Merkur und Herkules großzügige Leichtigkeit, und wenn dann noch der Föhn die historischen Fassaden in ein südliches Licht taucht, und wenn hinter der Alpenkette, woher die Flüsse Lech und Wertach kommen, Italien zum Greifen nah scheint, oder wenn nachts der Vollmond über St. Ulrich steht und die Jugend sich mit Weingläsern um den Herkules schart, im

Sinnbild des Handels, das Bronzestandbild des Götterboten Merkur. 1599 von Adriaen de Vries entworfen und von Wolfgang Neidhart gegossen. Im Hintergrund das Weberhaus (oben).
Als eindrucksvollste Bauleistung des Rokoko in Augsburg gilt das Schaezlerpalais. Es beherbergt heute die Deutsche Barockgalerie und die Staatsgalerie. Prunkstück ist der 23 m lange Festsaal mit dem Deckenfresko von Gregorio Guglielmi (unten).

sicheren Gespür für die Atmosphäre des Ortes, dann zeigt sich die Stadt in einer Gestalt, die auch Brecht nicht kalt gelassen haben kann.

Augsburg ist eine Stadt mit großer Geschichte, und das Wasser hat in dieser Geschichte eine große Rolle gespielt. Am Zusammenfluss von Lech und Wertach errichteten die Römer wenige Jahre vor Christi Geburt ein Militärlager, aus dem sich bald das Zentrum der neuen kaiserlichen Provinz Rätien entwickelte – »Augusta Vindelicum«. Die Via Claudia Augusta hielt die Verbindung nach Italien. Auf der Hochterrasse zwischen den beiden Flüssen, vorm Hochwasser der Alpenflüsse geschützt, entstand in den folgenden Jahrhunderten die Bischofsstadt, dort, wo heute der Dom steht, südlich davon die Kaufmannssiedlung, die spätere Bürgerstadt, am Ende der Hochterrasse die Kirche St. Ulrich und Afra. Bischof Ulrich verteidigte die Stadt 955 gegen die Ungarn auf dem Lechfeld. Er wurde gern mit einem Fisch dargestellt, gleichsam als Wasserheiliger.

Augsburg war eine der ersten Städte im Mittelalter, die eine öffentliche Trinkwasserversorgung einrichteten. Noch 1804 bestaunt der Dichter August von Kotzebue bei einem Besuch in Augsburg »die herrliche Wasserkunst, durch welche so viele Häuser und Brunnen bequem und reichlich mit Wasser versorgt werden ... Schnell, wie nützliche Gedanken durch Gott weiß wie viele feine Aederchen in das Gehirn hinauf gepumpt werden, und von da durch das Papier in die Welt strömen, eben so sammelt sich hier das Wasser vier Stockwerke

Die Domgeschichte lässt sich bis in das Jahr 823 urkundlich zurückgehend rekonstruieren. Ältester Teil dürfte die Krypta unter dem Westchor sein, angelegt im 10. Jh unter Bischof Ulrich. Fresken aus romanischer und gotischer Zeit, schöne Gewölbemalereien, vier Tafelbilder von Hans Holbein d. Ä. Die vier Prophetenfenster Jonas, Daniel, Hosea und Mose (vermutlich Mitte 12. Jh.) gehören zu den ältesten figürlichen Glasmalereien Deutschlands. Der Kreuzgang mit alten Grabplatten (unten) aus dem 15. Jh.

hoch in großen Behältern, und fließt von da durch tausend Röhren in die Häuser der Bürger, denen es alsdann frei steht (gerade wie bei den Gedanken), zu ihrem Hausbedarf davon zu schöpfen, oder es ungenutzt vorüber fließen zu lassen.« Auch heute noch, so sei hier angemerkt, verfügt die Stadt über reichlich Trinkwasser von ausgezeichneter Qualität aus dem Siebentischwald und verwendet viel Sorgfalt darauf, seine Reinheit zu erhalten.

Die Via Claudia, Lebensader von Nord nach Süd, ließ den Handel erblühen, die Lechkanäle förderten das Gewerbe, zum Beispiel die Weberei, deren berühmteste und reichste Vertreter, die Fugger, durch ihre Finanzmacht Weltgeltung erlangten. Sie entschieden die Kaiserwahl Karls V. 1519 und nahmen tiefgreifenden Einfluss auf die Reichspolitik, nicht ohne dabei selbst entsprechend zu profitieren. Zum Ausgleich stifteten sie die erste Sozialsiedlung des Reiches, die Fuggerei, die noch heute nach dem Willen der Stifter geführt wird.

Zu Beginn der Neuzeit war Augsburg politisches und künstlerisches Zentrum Europas, die Stadt der Reichstage, der Reformation, der Renaissance. Hier wurden die großen interkonfessionellen Debatten geführt, wobei Kirche und Kloster St. Anna eine wichtige Rolle spielten (1518 stieg Luther hier ab, um gegenüber Kajetan seine Lehre zu verteidigen); hier wurde beim Reichstag 1530 die Confessio Augustana verlesen, 1555 der Augsburger Religionsfrieden geschlossen. Wenige Jahrzehnte später wurden die Prachtbrunnen in der Maximi-

In der Goldschmiedekapelle der evang.-luth. Pfarrkirche St. Anna, ehemalige Klosterkirche des Karmeliterordens, befinden sich sorgsam restaurierte spätgotische Fresken (oben). Blick in das nördliche Seitenschiff der katholischen St. Ulrich Kirche (Mitte). In der spätgotischen Basilika, mit wertvoller Ausstattung im Renaissance- und Barockstil, befinden sich die Grabstätten der Bistumsheiligen Afra, Ulrich und Simpert (unten).

lianstraße aufgestellt und vom genialen Stadtbaumeister Elias Holl aus den Wassertürmen am Roten Tor mit Wasser versorgt. Die technische Meisterleistung verband sich mit einer kulturellen. Die Brunnen drückten den Stolz aus auf den intelligenten Umgang mit dem kostbaren Rohstoff Wasser. Dem Augustus auf dem Rathausplatz gesellte man die Augsburger Flüsse zu, Lech und Wertach, Singold und Brunnenlech, deren gebändigte Kraft der Stadt Wohlstand und Lebensqualität erhielt. Das erkannte auch die Königin Christine von Schweden im Jahr 1655: »Augsburg ist eine der schönsten, vornehmsten und berühmtesten Städte Deutschlands, in einer überaus anmutigen, allenthalben bewässerten Ebene gelegen, wodurch der Boden sehr ertragreich wird.«

Mit dem Neubau des Rathauses gegenüber dem Augustusbrunnen holte Elias Holl auch einen Hauch Italien in die Stadt. Erfüllt von seinen Erfahrungen in der Lagunenstadt Venedig schenkte er den Augsburgern zum Ruhm der Freien Reichsstadt ein »schönes neues wohlproportioniertes« Bauwerk von großer Klarheit, das bedeutendste weltliche Beispiel der Renaissance in Deutschland. Durch sechzig großzügig angeordnete Fenster fällt noch heute das Licht in den Goldenen Saal, das Herzstück des Rathauses. Nach der Zerstörung in der Bombennacht des Februar 1944 war es für die Bürgerschaft eine Aufgabe von größter Bedeutung, den Goldenen Saal nach altem Vorbild wieder herzustellen. Daneben ragt der Perlachturm über den Rathausplatz wie über einer italienischen Piazza.

Die Fuggerei gilt als die älteste Sozialsiedlung der Welt. Jakob Fugger der Reiche und seine Brüder Ulrich und Georg sind die Stifter dieser religiös motivierten Siedlung für schuldlos verarmte Bürger. Triebfeder war damals sicherlich der starke Glaube des Mittelalters (Tue Gutes, damit du in den Himmel kommst), gepaart mit dem neuen Menschenbild des Humanismus der aufkommenden Renaissance. 1516 wurde mit dem Bau der Wohnungen begonnen, 1523 standen 52 Häuser zur Verfügung.

Die Stadtbefestigung, in Teilen ebenfalls das Werk Elias Holls, legte die Grundlage für die schönen Wasseridyllen, die heute ein ganz eigener Zug im Gesicht der Stadt sind, am Graben, der sich unter prachtvollen Kastanien vom Roten Tor über Vogeltor, Barfüßerbrücke, Liliom hinzieht, oder auch am Fünffingerturm vorbei zwischen Wiesen und Ufergebüsch bis zur Kahnfahrt am Oblatterwall, gleich neben Brechts Elternhaus. Schon dem Kulturhistoriker Wilhelm Heinrich Riehl kam in der Mitte des 19. Jahrhunderts die Stadtbefestigung eher romantisch als martialisch vor, wenn er über die »halbverfallene Stadtmauer … mit ihren mächtigen Steinbrücken und Wasserleitungen, mit der heimlichen, dunkelschattigen Schlucht des Stadtgrabens am Brünnlein des Kaisers Maximilian und den friedlich anmuthenden Wasserpartien am Jakober- und Oblatterthor« spricht: »Es ist das keine neue, gemachte Romantik; sie ist alt und geworden und erzählt uns schon vor dem Thore von der Geschichte und dem Charakter der Stadt. Die hundertjährigen Linden- und Kastanienalleen am Walle zeigen uns, wie friedlich auch die alten Reichsstädter schon von ihren Festungswerken dachten. Schon seit dem sechzehnten Jahrhundert hegt man Hirsche und Rehe in den oberen Stadtgräben, städtische Schwäne schwimmen auf dem klaren Wasserspiegel unter den Mauern der Vorstadt, und unter dem Rasen der Wälle sucht und findet man köstliche Trüffeln.«

Das Bürgerliche ins Fürstliche überhöht zeigt der Rokokosaal im Schaezlerpalais, das den Wasser-

Jedes Haus in der Fuggerei bekam einen Garten, so dass sich die Familien durch Gemüseanbau leichter selbst versorgen konnten. Jede Familie verfügte über eine eigene Wohnung, voll ausgestattet bis zum Essbesteck. »In Würde bedürftig sein können« war das Motto und deshalb auch das Wohnen nicht kostenlos. Die Miete galt es sich zu verdienen, mit einem Gulden im Jahr und einem täglichen Dienst: drei Gebete für Stifter und Wohltäter.

spielen des Herkulesbrunnens den Hintergrund bietet. Der Reichtum, der diese Pracht zu bauen imstande war, kam aus der Kunstfertigkeit der Augsburger Gold- und Silberschmiede und aus der Geschäftstüchtigkeit ihrer Bankiers; der kulturelle Ausdruck jedoch orientierte sich an der Lebenswelt des Adels, in den der Erbauer, Freiherr Liebert von Liebenhofen, und sein Schwiegersohn, Freiherr von Schaezler, erhoben wurden. Zur Eröffnung des Saales 1770 kam sogar Marie Antoinette vorbei, ein Ereignis, das die Bürgerstadt Augsburg auch heute noch nicht zu erwähnen vergisst. Und sicher wusste die Tochter des Kaisers Franz I. die herrschaftlichen Dimensionen der Maximilianstraße zu schätzen, die den drei Brunnen den adäquaten Rahmen gibt, wenn auch der mittlere, der Merkurbrunnen, selbstbewusst zeigt, dass man sich in einer Kaufmannsstadt befindet.

Der Mönch Johann Nepomuk Hauntinger fasst in seinem Reisebericht von 1784 den Eindruck folgendermaßen zusammen: »Wir kamen nun durch und zwischen lauter Wasserkanälen und ungebauten Moosen durchs Rote Tor in das schöne Augsburg, welches von ferne schon einen herrlichen Anblick bietet. Dass sie die schönste und größte Stadt in Schwaben sei, ist bekannt, und das wissen auch die Augsburger gar gut. Sie ist aber nicht so sehr bevölkert wie München, ob sie gleich dasselbe an Weitläufigkeit des Umfangs übertrifft. Die Haupt- oder Weingasse vom St. Ulrichsstifte weg bis zum Rathause ist von beiden Seiten mit den prächtigsten Gebäuden ausgeziert, sehr breit und

Das Ensemble Rotes Tor, Heilig-Geist-Spital mit Dachreiter-Türmchen und Wassertürmen trägt die Handschrift von Elias Holl (oben).
Offen gelegte Bäche, Brückchen und alte Handwerkshäuser verleihen dem Lechviertel ein reizvolles Flair (Mitte links). Einer Sage nach erinnert der »Stoinerne Ma« an den Bäckermeister Hacker, der 1635 den Widerstandswillen der belagerten Bürger von der Mauer aus mit einem großen Brotlaib demonstrierte (Mitte rechts).
Kahnfahrt am Oblatterwall (unten).

gewiss ebenso schön als je eine Hauptgasse in München.«

Hier klingt aber auch bereits das an, was später geradezu traumatisch wird mit dem tiefen Einschnitt 1806: die Rivalität zu München. 1806, das bedeutet das Ende der Freien Reichsstadt. Augsburg wurde von Napoleon an das Königreich Bayern gegeben und ist seitdem, wenn man bestimmten Stimmen glauben will, in seinem Stolz gebrochen und nie mehr ganz mit sich ins Reine gekommen. Und doch war auch das 19. Jahrhundert eine Glanzzeit für die Stadt, vor allem im Bereich der Industrialisierung. Haindls Papierfabrik wurde gegründet, der Grundstein für die MAN (Maschinenfabrik Augsburg-Nürnberg) gelegt, Rudolf Diesel erfand seinen Motor, und die Produkte der Augsburger Textilindustrie waren in ganz Europa begehrt. Auch hier spielte wieder das Lechwasser eine entscheidende Rolle. Das Textilviertel entstand in dem von Kanälen durchzogenen Gebiet zwischen Stadtmauer und Lech; in der Zeit vor der Dampfmaschine lieferte das Wasser günstige Energie. Noch heute prägen die Kanäle die einzigartige Stadtlandschaft des Textilviertels. Und wie in all den Epochen zuvor, der Zeit der Römer, der Kirchenbauer des Mittelalters, der Patrizier und der Festungsingenieure, der Renaissancekünstler und Stadtbaumeister, hat auch das Industriezeitalter in Augsburg Bauwerke von höchster Qualität hervorgebracht. Die Schülesche Kattunfabrik wurde mit fürstlichem Anspruch wie ein Barockschloss erbaut, ins Textilviertel holte man erstklassige Architekten, die Reprä-

Das Jakobertor rettete eine Bürgerinitiative. Der Abbruch des bewohnten gotischen Torturms aus dem 15. Jahrhundert war 1876 bereits beschlossen. Viele wollten die alte »Pfefferbüchse« beseitigen, mehr Bürger jedoch das »malerisch schöne Objekt aus alter Zeit« erhalten. Letztere siegten – eine breitere Fahrbahn südlich des Tors bildete den Kompromiss. An dieser Stelle beginnt zweimal jährlich die »Dult-Meile« bis zum Vogeltor (unten).

sentationsbauten schufen mit klingenden Namen: Glaspalast! Fabrikschloss!, und beim Bau des Gaswerks zu Beginn des Ersten Weltkriegs war es erklärter Wille, der neuen Technologie mit einem herausragenden städtebaulichen Ensemble ein Denkmal zu setzen. Erst allmählich wird in der Stadt dieser Teil ihrer Geschichte wahrgenommen. Vielleicht hat man den Schmerz noch nicht verwunden, dass die Textilindustrie, die Zigtausende von Familien ernährte, innerhalb weniger Jahre in sich zusammenfiel. Umso wichtiger ist es, die bedeutenden Zeugen jener Epoche wieder ins Bewusstsein zu rücken. Das Zeitalter der Industrialisierung hat das Gesicht der Freien Reichsstadt entscheidend verändert und eine eigenartige, sehr reizvolle Mischung der Stile und Nutzungen geschaffen.

In diese Zeit fällt auch die Entstehung eines Kleinods vor den Toren der Stadt, des Kurhaustheaters in Göggingen. Glas und Eisen, Palmen und Plüsch verbinden sich hier zu einem skurril-eleganten Ambiente, das Johann Friedrich von Hessing zur Aufmunterung seiner Orthopädie-Patienten erbauen ließ. Leider gilt das der leichten Muse gewidmete Theater immer noch als Geheimtipp, obwohl es vor wenigen Jahren mit beträchtlichen öffentlichen Mitteln saniert wurde.

So wie auch die Stadt selbst noch für viele ein Geheimtipp ist. Wer Augsburg im Wesentlichen als Schild an der Autobahn München-Stuttgart oder auch als Bahnhalt gekannt hat, wird beim näheren Kennenlernen der Stadt und auch der

Das Gögginger Kurhaustheater, erbaut 1885. Blick vom Grottenbau auf die Außenbühne (oben). Der opulente Geschmack des Bauherrn Friedrich Hessing und die blühende Fantasie seines Architekten Jean Keller prägen das Ensemble. Mit Improvisation und Illusionskunst kam der Architekt den Wünschen seines Bauherrn nach. In nur einjähriger Bauzeit entstand das Denkmal deutscher Ingenieurbaukunst. Gusseisen und Glas im Zuschauerraum des Kurhaustheaters (unten).

umgebenden Region Schwaben gleichermaßen überrascht wie begeistert sein. Da ist nichts Niedliches – Puppenkiste hin oder her –, da gibt es nicht die lieblichen Streuobstwiesen und das museal geleckte Fachwerk der Stuttgarter Gegend, aber auch nicht den Protz, die Geranienvorbauten der Oberbayern hinter München. Da ist eine vornehme Schlichtheit, die in der jahrhundertealten Übereinstimmung von Kultur und Landschaft wurzelt, eine herbe Eleganz, die auch ein bisschen vom Unerwarteten, vom Ungewohnten lebt. Oder sagen wir besser: von der Verfremdung, wir sind ja in der Heimatstadt des Dramatikers Brecht. Evangelisch und katholisch St. Ulrich lehnen sich aneinander wie zwei ungleiche Schwestern. Villen stehen neben Fabriken, der schöne Rokokosaal im Schaezlerpalais, in dem, wie gesagt, die Kaisertochter Marie Antoinette tanzte, ist von einem Kaufmann erbaut. Durch die Kastanien entlang der Wassergräben der alten Reichsstadt, der Stadt des Religionsfriedens, zieht sich ein leicht metallischer Geruch, der Geruch der Fabriken, so herb wie der Dialekt mit seinem rollenden R. Die Schornsteine ragen so hoch in den Himmel wie die Kirchtürme. Und auch das Wasser, das die Stadtgeschichte vorangetrieben hat, hat verschiedene Gesichter. Es ist keineswegs immer freundlich und zu Diensten. Zu Pfingsten 1999 setzte die Wertach ganze Stadtteile unter Wasser, so dass ihr jetzt keiner mehr trauen mag. Augsburg ist eine Stadt mit Brüchen, mit Reibungen, eine lebendige Stadt, im Fluss wie das Wasser, dem sie ihre Kraft und ihre Schönheit verdankt. *Eva Leipprand*

Einer der schönsten Kirchenbauten seiner Zeit, die Herz-Jesu-Kirche, ist mit aller Pracht des Jugendstils ausgestattet (oben).
Das Schwäbische Volkskundemuseum Oberschönenfeld ist in den ehemaligen Ökonomiegebäuden der gleichnamigen Zisterzienserinnenabtei im Landkreis Augsburg untergebracht. Kirche, Konventbau und Gasthaus bilden ein einzigartiges Ensemble inmitten des »Naturparks Augsburg – Westliche Wälder« (Mitte).
Herbstliche Stimmung in Burgwalden (unten).

Altbaiern in Schwaben

Die Schwaben können von Glück sagen, dass die Altbayern keinen Asterix und keinen Obelix in ihren Reihen haben. Denn sonst hätten sie wahrscheinlich an ihrem 1972 dazugewonnenen Territorium östlich des Lechs so wenig Freude wie einst die Römer an ihrer Provinz Gallien. Mehr als 30 Jahre nach der Gebietsreform sind im Landkreis Aichach-Friedberg die Wunden zwar vernarbt. Doch wenn in Zeitungsberichten zur geographischen Orientierung völlig korrekt vom »schwäbischen« Aichach die Rede ist, dann tut das den dortigen Lesern noch immer weh. Die Friedberger hingegen dürften die verwaltungsmäßige Zuordnung zu Schwaben mittlerweile verschmerzt haben, obwohl ihre hoch über der Lechebene liegende Stadt im Laufe der Geschichte zweimal (1296 und 1372) von den Augsburgern gebrandschatzt und zerstört wurde. Gleichwohl hat man ihnen und den Bürgern des Altlandkreises Friedberg die »Eroberung« durch die Schwaben schon 1944 zugemutet. Aber die Zeit heilt bekanntlich Wunden. Und Altbayern bleibt Altbayern, auch wenn es in Schwaben liegt.

Am Stadtrand von Friedberg grüßt die barocke Wallfahrtskirche Herrgottsruh (vorherige Seite und drei kleine Abb. oben) ins altbayerische Land. Unweit der einstigen Zollstelle der bayerischen Herzöge an der Augsburger Stadtgrenze steht die Kapelle Maria Alber (unten). Rechts der Marienbrunnen am Friedberger Rathaus.

Aber was ist das Besondere an dieser östlichen Grenzregion, die so viel Wert auf ihren altbayerischen Ursprung legt, obwohl sie sicher nicht dem Bilderbuch-Bayernbild entspricht, das Touristen erwarten. Weder eine spektakuläre Bergkulisse noch eine liebliche Seenlandschaft mit anheimelnden Dörfern wie man sie aus dem Voralpenland kennt, weist diese Gegend auf den ersten Blick als »typisch« für weißblaue Lande aus. In den sanft gewellten Hügeln jenseits der Friedberger Türme, die so keck in den Himmel ragen, finden sich zwar zwischen Äckern und Wiesen freundlich in die Kulturlandschaft eingebettete Siedlungen mit Resten historischer Bausubstanz, Städte und Märkte mit charakteristischen Gebäuden und manche schöne Kirche. Doch die Dächer alter Häuser sind hier ebenso steil wie in der schwäbischen Nachbarschaft, die Ortsbilder ebenso streng und die Menschen in ihrer Art ebenso zurückhaltend. Und doch gibt es einen wesentlichen Unterschied: Hier spricht man bayerisch und man denkt und fühlt auch so.

Mancher Einwanderer schwäbisch-alemannischer Zunge, der sich in den grünen Hügeln östlich von Augsburg längst eingelebt hat, bleibt sich dessen noch nach vielen Jahren bewusst. Die Ureinwohner dieses bäuerlich geprägten Landstrichs sind tief verwurzelt in die bayerische Kultur und dem Schwäbischen nicht unbedingt wohl gesonnen. Selbst das Flüsschen Paar, das hier die Landschaft mit gestaltet, lässt den Lech links liegen und schlängelt sich stattdessen zur Donau hin.

Das markanteste historische Ereignis, mit dem der heutige Landkreis Aichach-Friedberg seine einzigartige Bedeutung für die bayerische Geschichte begründen kann, ist um das Jahr 1000 datiert. Die Ahnen des bayerischen Königshauses, die Grafen von Scheyern, erkoren damals die Anhöhe Oberwittelsbach bei Aichach zum Sitz ihres Herrschaftsgebietes an der Paar zwischen Lechfeld, Glonn und Donaumoos. Nach der Burg, die sie dort übernahmen, nannten sie sich die »Wittelsbacher«. Der Name des Adelshauses steht heute auch für den Landkreis Aichach-Friedberg.

Die Idee, sich »Wittelsbacher Land« zu nennen und damit das Zusammengehörigkeitsgefühl der Altbayern in Schwaben zu stärken, ist noch jung. 1999 wurde der Begriff als Herkunftsbezeichnung für landwirtschaftliche Produkte eingeführt. Seither wirkt das entsprechende Logo auch auf Prospekten und Broschüren werbewirksam nach außen. Schilder an der Autobahn Stuttgart-München signalisieren selbst flüchtigen Passanten, dass sie sich mitten in Bayern befinden.

Von der einstigen Burg, die bereits im Jahr 1209 zur Strafe für den Mord des letzten Pfalzgrafen Otto VIII. an dem staufischen König Philipp (dem »Bamberger Königsmord«) zerstört worden sein soll, ist nichts mehr übrig. Auf dem Burgplatz in Oberwittelsbach, der anlässlich der 800-Jahr-Feier des Hauses Wittelsbach 1980 archäologisch untersucht wurde, erhebt sich eine spätgotische so genannte Sühnekirche. Unweit der Kirche erinnert das im neugotischen Stil errichtete »Nationaldenkmal« an die stolze Zeit des jungen Königreichs Bayern Anfang des 19. Jahrhunderts. Es wurde aus Spenden des bayerischen Volkes finanziert und am 25. August 1834, dem Geburts- und Namenstag König Ludwig I., in Anwesenheit vieler hochrangiger Gäste feierlich enthüllt. Seine Majestät kehrte aus diesem Anlass allerdings nicht persönlich an den Stammsitz seiner Familie zurück. Um so häufiger ließ sich in jener Zeit ein anderer Vertreter des Königshauses auf »seyner Burg Wittelsbach« sehen. Gemeint war mit dieser Formulierung in vielen damaligen Zeitungsartikeln jedoch nicht die versunkene Burg Oberwittelsbach, sondern das idyllisch in einem Landschaftspark gelegene Wasser-

schlösschen im nahen Unterwittelsbach. Es gehörte ab 1838 Herzog Max in Bayern, dem Vater der späteren Kaiserin Elisabeth von Österreich und Königin von Ungarn. Der zitherspielende Herzog, der bis 1850 gerne in Unterwittelsbach weilte, war beim Volk beliebt und ist doch längst vergessen. Seine eigenwillige Tochter »Sisi« dagegen, die in den sentimentalen Filmen mit Romy Schneider und Karlheinz Böhm als »Kaiser Franz Joseph« weiterlebt, »zieht« noch immer. Ihr und nicht ihrem Vater hat die Kreishauptstadt Aichach deshalb das Schloss Unterwittelsbach als eine Art Gedenkstätte gewidmet. Im Jahr 2000 begann im »Sisi-Schloss« eine Reihe von Sonderausstellungen, die jeweils vom Frühjahr bis in den Spätherbst ein beliebtes Ausflugsziel für Feriengäste in der Region Augsburg sind. Einheimische Skeptiker dagegen vermissen nach wie vor den »Beweis«, dass Sisi als Kind ihren Vater tatsächlich hin und wieder nach Unterwittelsbach begleitet hat. Die Anekdote, dass die kleine Elisabeth mit dem Hut herumgegangen sei, um Trinkgeld einzusammeln, wenn Herzog Max in Aichacher Gaststätten mit der Zither aufspielte, klingt ja auch fast zu schön um wahr zu sein.

Dank des Sisi-Zaubers ist das Schlösschen, das leider über kein originales Mobiliar verfügt, der Öffentlichkeit zeitweise zugänglich. Neben dem Schloss in Friedberg mit seiner Museums-Sammlung kostbarer Friedberger Uhren und Fayencen sowie vielen Zeugnissen aus der Vor- und Frühgeschichte ist es das einzige herrschaftliche Bauwerk im Wittelsbacher Land, das nicht nur von außen zu bewundern ist. Rund ein Dutzend anderer Schlösser von Schorn, Pöttmes und Baar im Norden bis Mergenthau und Schmiechen im Süden, von Affing, Scherneck und Pichl im Westen bis Blumenthal, Kühbach, Rapperzell und Haslangkreit im Osten werden dagegen privat genutzt – einige davon als Wohnsitze freiherrlicher Familien, die in der Bevölkerung

Von den einstmals 20 Türmen der Friedberger Stadtbefestigung sind 18 erhalten geblieben (links). Für ihre Bewohner bieten sie teils wunderbare Ausblicke in die Lechebene. Beim Bummel durch die Altstadt bieten außerdem das Rathaus (oben) und das Schloss mit seinem Museum lohnende Motive für Erinnerungsfotos.

nach wie vor Ansehen genießen und im Leben ihrer Gemeinden eine Rolle spielen.

An Altbewährtem hält man fest. Die erstaunlich lange Überlebensdauer der bäuerlichen Aichacher Frauentracht ist dafür ein weiteres Beispiel. Bis in unsere Tage wird die traditionelle Kleidung mit bauschigem Rock, Spenzer und Schürze keineswegs nur zur Schau bei besonderen Anlässen getragen, sondern vereinzelt von älteren Frauen auch noch im Alltag. Bei kirchlichen und weltlichen Festen sind Frauen in Tracht ein beliebtes Fotomotiv – dann allerdings im »boarischen G'wand« in seiner allerschönsten Ausführung. Seidenstoffe, schmucke Fransentücher und dicke filigrane Silberknöpfe gehören dazu. Ob es das Phänomen »Tracheninsel Aichach« noch lange geben wird, ist allerdings fraglich. Die Globalisierung macht auch vor dem Wittelsbacher Land nicht Halt.

Das ist allerdings im Dreieck zwischen Augsburg, München und Ingolstadt kein Grund zur Panik. Dieses alte Bauernland ist auch seit langem ein Pendlerland. Die großstädtische Welt liegt vor der Haustür. Dadurch bieten sich berufliche Chancen. Viele haben aber auch keine andere Wahl, als zu ihrem Arbeitsplatz 30 bis 70 Kilometer Anfahrt in Kauf zu nehmen. Dank der guten Erschließung durch die Autobahn A8 Stuttgart-München, die Bundesstraßen von Augsburg nach Ingolstadt und nach Fürstenfeldbruck sowie die Eisenbahnlinien Augsburg-Ingolstadt und Augsburg-München lässt sich das einrichten.

Mancher, der sich früh morgens auf den nervenaufreibenden Weg in einen der nahen Ballungsräume macht und spät abends zurück kehrt, betrachtet sein Zuhause im Wittelsbacher Land als Rückzugsgebiet, dessen Eigenart man ganz bewusst pflegt. Bestes Beispiel ist die kleinstädtisch anmutende Marktgemeinde Mering, die sich trotz ihrer guten Bahnverbindung nach München und Augsburg keineswegs zur seelenlosen »Schlafstadt« für Pendler entwickelt hat, sondern sich ihren eigenständigen Charakter bewahrt.

Im Wittelsbacher Land ist man nicht traurig, wenn die Vorzüge der eigenen Heimat einem Kreis von Eingeweihten vorbehalten bleiben. Die Gefahr, vereinnahmt zu werden, ist um so kleiner, je weniger man Begehrlichkeiten weckt. Gäste sollen ruhig kommen, aber wenn sie Besseres vorhaben, dann können sie auch gerne wegbleiben. In Altbayern drängt man sich nicht auf. Es gibt zwar ausgewiesene Wanderwege und Vorschläge für Radtouren, doch Ruhebänke entlang der Strecken sind hier zu Lande eher die Ausnahme. Kenner wissen ihre erholsamen Spaziergänge durch Wald und Flur so einzurichten, dass ein gemütliches Gasthaus oder ein schattiger Biergarten am Weg liegt oder sind bei sommerlichen Ausflügen an einen der Baggerseen am Westrand des Landkreises zwischen Sand und der Lechstaustufe 23 für ein Picknick gerüstet. Dort, wo Sehenswürdigkeiten zu besichtigen sind, bestehen in der Regel auch Einkehrmöglichkeiten.

Die barocken Wallfahrtskirchen Maria Birnbaum im Ecknachtal bei Sielenbach, Herrgottsruh in Friedberg und Sankt Leonhard in Inchenhofen sind solche Sehenswürdigkeiten, um die sich wunderbare Legenden ranken und in denen große Baumeister und Künstler ihre Spuren hinterließen. Mit Maria Birnbaum, das zur Deutschordens-Kommende Blumenthal gehörte, verbinden sich die Namen der Baumeister Konstantin Bader (München) und Gabriel Schwarz (Augsburg) und des Stuckateurs Matthias Schmuzer aus Wessobrunn; Herrgottsruh ist berühmt für die Fresken von Cosmas Damian Asam und in Sankt Leonhard Inchenhofen stammt der Hauptschmuck von Ignaz Baldauf, einem Hofmaler des Fürstbischofs von Augsburg.

Die Deutsch-Ordensritter in Blumenthal ließen die Wallfahrtskirche Maria Birnbaum bei Sielenbach errichten (rechts). Durch trutzige Tore gewährt Aichach (oben) Einlass in sein historisches Zentrum mit Rathaus und Spitalkirche. Schloss Kühbach (unten) ist Teil eines ehemaligen Benediktinerinnen-Klosters.

Dem heiligen Leonhard verdankt der Markt Inchenhofen, der von den Einheimischen »Leahad« (Leonhard) genannt wird, von Alters her eine große Anziehungskraft. Vom 13. bis ins 19. Jahrhundert zählte die Wallfahrt zum Patron der Gefangenen, der Schwangeren, der Bauern und des Viehs zu den bedeutendsten in Europa.

Auch heute noch strömen jedes Jahr am ersten Sonntag im November tausende Besucher zum Leonhardiritt und bewundern die aufwändig gestalteten Festwagen. Kostümierte Personen »spielen« darauf Szenen aus dem Leben des Heiligen. Eine Rolle als Darsteller beim Leonhardiritt verlangt gute Kondition, besonders bei Frost oder Regen. Denn die Darsteller dürfen sich nicht bewegen. Wie Wachsfiguren verharren sie während der ganzen Fahrt durch den Ort in derselben Haltung.

Witterungsbedingt hat auch ein anderer Publikumsmagnet im hintersten Winkel des Wittelsbacher Landes schon manchen Härtetest bestanden: Das Hofberg-Theater in Schiltberg. Alle paar Jahre ist die wie eine mittelalterliche Burg gestaltete, dauerhaft gemauerte Bühne Schauplatz historischer Freiluft-Aufführungen. Hoch zu Ross, mit Schwertern bewaffnet und mit Rüstungen bewehrt, konnten die einheimischen Laienspieler dort seit 1953 schon zahlreiche Erfolge feiern.

Noch nicht so weit zurück reicht die Tradition des Friedberger Altstadtfestes »Friedberger Zeit«. Seit 1989 lockt die Stadt, die sich einst als Bollwerk Bayerns mit dicken Mauern und Türmen vor dem mächtigen Augsburg zu schützen versuchte, die Gäste auch aus dem Lechfeld an. Zoll wird heutzutage nicht mehr verlangt, doch dafür werden die Tonkrüge, mit denen die Friedberger auch gerne mit den einstmals verfeindeten Augsburgern anstoßen, nur gegen Pfand ausgegeben.

Über die Landkreisgrenzen hinaus macht auch eine Aichacher Kuriosität von sich reden: Das alljährliche Treffen der »Königlich Bayerischen Josefspartei«. Sie kämpft für die Wiedereinführung des Josefstags (19. März) als Feiertag. Wer Mitglied werden will, muss sich den Beinamen Josef zulegen, sei er auch Otto, Alfred oder Eduard getauft.

Es gibt aber noch viele andere Gründe, das Wittelsbacher Land anzusteuern: Die einen führt die Lust am Bummeln in die alten Herzogstädte Friedberg und Aichach oder in die Märkte und Dörfer zwischen Pöttmes und Steindorf. Andere haben ihren Spaß an der Schnäppchensuche auf Flohmärkten und Jahrmärkten. In der Spargelzeit fängt das Wittelsbacher Land inzwischen viele Kunden ab, die in früheren Jahren bis nach Schrobenhausen gefahren sind, um das Edelgemüse erntefrisch und preisgünstiger als in Augsburg einzukaufen. Mit geradezu schwäbischer Geschäftstüchtigkeit kommen die Bauern im Landkreis Aichach-Friedberg den Verbrauchern der Schwabenmetropole entgegen. Das Anbaugebiet für den Schrobenhauser Spargel reicht mittlerweile bis an den Rand des Lechfelds. Zahlreiche Hofläden und der Bauernmarkt an der Autobahn in Dasing ziehen Besucher ebenso an wie Wünschelrutengänger und Wunderheiler, deren Adressen als Geheimtipps gelten. Und wer sich als Gast schwer tut mit der Mentalität dieses manchmal etwas derb wirkenden Menschenschlags, der sollte nicht den Fehler machen, ihn zu unterschätzen.

Das Sisi-Schlösschen in Unterwittelsbach bei Aichach (oben) ist seit dem Jahr 2000 jeweils von Juli bis November Schauplatz vielbeachteter Sonderausstellungen über die legendäre österreichische Kaiserin Elisabeth (»Sisi«). Das idyllisch gelegene Herrschaftshaus war von 1838 bis 1850 der bevorzugte Sommersitz von Sisis Vater Herzog Max in Bayern.
Neugotischer Altar in der Kirche St. Peter und Paul in Pöttmes, 1478 erbaut (unten).

Einen Asterix und einen Obelix gibt es hier zwar nicht. Aber aus dem Wittelsbacher Land stammte zum Beispiel der Wilderer und Räuberhauptmann Matthäus Klostermair, der im 18. Jahrhundert in Schwaben als »Bayerischer Hiasl« berühmt wurde. Der Taglöhnersohn aus Kissing lehnte sich gegen die Obrigkeit auf und verteilte nach Art des Robin Hood seine Beute an die Armen bis er schließlich in Osterzell nahe Kaufbeuren gefangen genommen und in Dillingen 1771 grausam hingerichtet wurde.

Auf ganz andere Weise brachte es die schöne Kellnerin Coletta Möritz aus Ebenried bei Pöttmes im 19. Jahrhundert zu Popularität. Der Münchner Maler Friedrich August Kaulbach entdeckte das »Biermadl« vom Sternecker Bräu im Tal als Modell für sein bekanntes Schützenlisl-Motiv. Er malte das hübsche Mädchen als muntere Serviererin auf einem Fass tänzelnd mit zehn Maßkrügen in den Händen. Beim 7. Bundesschießen 1881 in München hing das fünf Meter hohe Bild über dem Eingang eines Bierzelts und machte Furore. Vieltausendfach ist das Motiv später auf Postkarten verewigt worden.

Beispiele für sinnvolle private und öffentliche Nutzungen historischer Anlagen sind Schloss Scherneck (oben) bei Rehling und das ehemalige Kloster Thierhaupten (unten) im Landkreis Augsburg. Nach aufwändiger Sanierung dient das Kloster der Denkmalpflege, der Dorf- und Landentwicklung und dem Vereinsleben.

Zu den Seelenverwandten der Altbayern in Schwaben zählt auch der Schriftsteller Ludwig Thoma, der im alten Aichacher Hinterland auf die Jagd ging. Etliche seiner Erzählungen, gesellschaftskritischen Lustspiele und Romane spielen sicher nicht zufällig im bäuerlichen Milieu. In derselben Gegend gedeiht heutzutage die bissige Satire der Volksmusikgruppe »Biermösl Blosn« und ihrer pfiffigen Schwestern, der »Wellküren«. – Womit wir wieder bei der Gebietsreform und ihrer willkürlichen Grenzziehung angelangt wären: Die Wendung »altes Aichacher Hinterland« ist nämlich genau genommen eine Mogelei. Sowohl Ludwig Thomas früheres Jagdrevier in Oberzeitlbach, als auch die Weilachmühle in Thalhausen, in der die Biermösl Blosn beheimatet ist, gehören zum Markt Altomünster und damit seit 1972 nicht mehr zu Aichach, sondern zum heutigen Landkreis Dachau in Oberbayern. Und das schmerzt noch immer.

Manuela Mayr

Konkurrenz belebt das Geschäft. Eine Binsenweisheit, die auf viele Bereiche des Lebens zutrifft. Wenn Städte miteinander in Konkurrenz treten, ist das Resultat ein ähnliches: Die Bürger profitieren für gewöhnlich von jenem Ehrgeiz, besser dazustehen als der Nachbar. Memmingen kontra Kempten. Nun muss man sich das in unserer heutigen Zeit keinesfalls so vorstellen, dass den Memminger regelmäßig die Wut packt, wenn er einem Kemptener begegnet. Oder dass sich die beiden Oberbürgermeister nur widerwillig die Hand zum Gruße reichen. Das nicht. Aber wenn einer von ihnen ein Großunternehmen in seine Stadt lockt und damit einen potenten Steuerzahler mit einer großen Zahl an Arbeitsplätzen, dann reibt man sich schon mal, mit Blick auf den Nachbarn, genüsslich die Hände.

Memmingen darf sich zwar nicht die Metropole des Allgäus schimpfen und ist mit etwas mehr als 41.000 Einwohnern »nur« drittgrößte Stadt des Allgäus hinter Kempten und Kaufbeuren, aber die ehemals freie Reichsstadt (1191 zur Stadt erhoben) spielt im Allgäu eine dominierende Rolle.

Wirtschaft: Das Autobahnkreuz mit Anbindungen nach München, an den Bodensee und Ulm sichert der Stadt eine zentrale Lage, die mit ein Grund dafür ist, dass auch größere Firmen sich in Memmingen niederlassen. Das Industriegebiet expandiert, die Wirtschaft floriert. Seit 1993 gilt die Stadt als Oberzentrum.

Ein Blick zurück ins Jahr 1957: Damals wurde bekannt, dass in den Fliegerhorst Memmingerberg anstelle der Hubschrauberschule Düsenflugzeuge verlegt werden sollen. Die Sorge war zunächst groß; Landrat und Stadtrat protestierten – unter anderem wegen der befürchteten Lärmbelästigung. Ohne Erfolg. Am 5. Mai 1959 reiste der damalige Bundesverteidigungsminister Franz-Josef Strauss persönlich ins Unterallgäu und stellte das Jagdbomber-Geschwader 34 in den Dienst. Die Stimmung der Politiker schlug bald um, denn dieses Geschwader bescherte Stadt und Land nicht nur das Dröhnen der Motoren, sondern auch wirtschaftlichen Aufschwung und zahlreiche Arbeitsplätze. Weshalb im vergangenen Jahr die Proteste von Politikern groß waren, als Verteidigungsminister Scharping bekannt gab, dass das Geschwader den Ort Memmingerberg verlassen muss. Der Verlust von zahlreichen Arbeitsplätzen bedeute für Memmingen und die umliegenden Gemeinden beträchtliche Einbußen an Kaufkraft, kritisierte Oberbürgermeister Holzinger. An der Entscheidung gab

Memmingen und das untere Allgäu

es gleichwohl nichts mehr zu rütteln. Weshalb man sich inzwischen mit der Frage beschäftigt, wie das Flugplatz-Gelände künftig genutzt wird. Zwei Lager prallen aufeinander: Die einen favorisieren einen zivilen Flughafen und legten konkrete Pläne auf den Tisch. Die anderen erinnern an die vielen Jahre der Lärmbelästigung, sehnen sich nach Ruhe und lehnen einen weiteren Flugbetrieb ab.

Profitieren konnte Memmingen schon immer von seiner günstigen Verkehrslage. Es muss wohl ein Gespür für die politische Lage gewesen sein und das Talent für den Handel, das den Memmingern eine führende Rolle der Städte in Oberdeutschland einbrachte in einer Zeit, als die Zünfte die Geschlechter aus ihrer Stellung drängten. Es entsteht schon früh ein selbstbewusstes Bürgertum, es entfaltet sich Humanismus und Künstlertum – die Künstlerfamilie Strigel beispielsweise stößt auf Wohlwollen und Anerkennung. Handelsfahrten führen nach Indien und Venezuela. Gegen 1530 bekennt sich die Bürgerschaft zum Luthertum. Diese Bürgerschaft hat viel zu überstehen, denn auch der 30-jährige Krieg hinterlässt Spuren – sie muss drei Belagerungen verkraften, Kapitulationen, den mehrmonatigen Aufenthalt Wallensteins, jenen von Schwedenkönig Gustav Adolf und andauernde Durchzüge, Seuchen, Todesfälle und Notfälle. Ab 1648 beginnt ein politischer Niedergang bis ins 19. Jahrhundert hinein. Der Wechsel von jahrhundertelanger, selbst regierter Demokratie hin zu fürstenstaatlicher Obrigkeit ist vollzogen. 1803 wird Memmingen bayerisch.

Kultur: Das kulturelle Leben Memmingens ist nicht nur vielfältig, sondern mitunter hochkarätig. Mit ein Grund dafür sind die großzügigen Veranstaltungshallen. Zum einen die Stadthalle. Sie gehört zu den modernsten und größten Stadthallen der Region. Stars und Sternchen der Pop- und Rockmusik geben sich hier die Klinke in die Hand und locken regelmäßig ein Publikum aus einem weiten Umkreis. Wolfgang Ambros, Gerhard Polt, Konstantin Wecker, Jazzgrößen wie Joe Zawinul oder Pat Matheny, Haindling, Richie Blackmore – sie alle standen in jüngster Zeit auf der Bühne der Stadthalle. Reichen die über 1.000 Plätze in der Stadthalle nicht aus, ziehen die Veranstalter in die 1987 fertig gestellte Eissporthalle um, die bei Konzerten bis zu 5.500 Besucher fasst. Eine Halle, die Sternstunden erlebte bei Auftritten von Joe Cocker, Peter Maffay, Herbert Grönemeyer, Bryan Adams oder Modern Talking.

Gediegener geht es im Stadttheater mit seinen rund 450 Plätzen zu. Bis zur Reformation diente dieses Haus mitten in der Fußgängerzone als Zehentstadel des Elsbethenklosters, wurde 1620 umfunktioniert zum städtischen Zeughaus und schließlich 1802 als Theater eingerichtet. 1905 rollten die Bagger an (Umbau) und 1974 wieder (Foyer-Ausbau). Das Jahr 1953 gilt als wichtiges Datum in der Memminger Kulturgeschichte. Damals wurde der Zweckverband des Landestheaters Schwaben gegründet und damit eine ökonomische Grundlage dafür geschaffen, dass in dieser Stadt ein professionelles Theaterensemble seine Heimat findet. Sechs Vorstellungen im großen Haus (Stadttheater) und ebenso viele im kleinen Haus (Theater am Schweizerberg) sowie Zusatzveranstaltungen fremder Bühnen bilden das Abonnement-Programm im Bereich Theater. Der »Theater- und Kulturverein« bietet zudem einen Klassik-Konzertzyklus an. Walter Weyers heißt der aktuelle Intendant am LTS, und einen Namen machte er sich bundesweit mit einer Weltaufführung: 1999 erlebte man die Premiere von Klytaimnestra, einer Rockoper mit Musik von David Defeis. Der Anfang einer Rockoper-Trilogie im übrigen, die 2001 mit »Die Rebellen« ihre Fortsetzung erlebte und im Juni 2003 mit »Lilith« endet.

Ein kulturelles Juwel stellt für die Stadt das Antonierhaus dar. Eine Urkunde besagt, dass König Friedrich II. (1212–1250) dem Hospital des heiligen Antonius in der (Erz-)Diözese Vienne, einem Förderer der Antoniter, das Patronatsrecht seiner (Martins-)Kirche in Memmingen mit allen dazugehörigen Leuten und Rechten geschenkt habe. Wenn auch eher unwahrscheinlich ist, dass Memmingen die älteste Niederlassung der Antoniter in Deutschland ist, so gewann Memmingen durch das Antoniterhospital rasch an internationaler Bedeutung. Gelegen an einem Kreuzungspunkt zweier bedeutender Straßen, wuchs mithilfe der Antoniterniederlassung auch der Wirtschaftsfaktor. Dem am weitesten nach Südosten vorgeschobenen Außenposten der Antoniter wurden beispielsweise die Bistümer der Kirchenprovinz Salzburg anvertraut, die Diözesen Augsburg, Chur oder Trient. Heute sind dort unter anderem Stadtbibliothek sowie Strigel- und Antoniter-Museum beheimatet.

Brauchtum: Es sind hohe Feiertage dieser Stadt, wenn im Juli der Fischertag auf dem Programm steht, ein jahrhundertealtes Volksfest aus Anlass der jährlichen Bachreinigung. Für die meisten Memminger ein Pflichttermin. Für jene ohnehin, die dem Fischertagsverein angehören. Aber auch für die, die inzwischen in einer anderen Stadt wohnen und zum Fischertag in ihre Heimat zurück kehren. Ins Rampenlicht dürfen zunächst, am Donnerstag, die festlich gekleideten Kinder treten. Tausende von ihnen lauschen auf dem Marktplatz um 10 Uhr den Worten des Oberbürgermeisters, der vom Balkon des Rathauses zu ihnen spricht. Es ist ein beeindruckendes Bild, wenn auf dem mit Fahnen geschmückten Marktplatz ein tausendfacher Kinderchor seine Lieder singt. Am Tag darauf ist die halbe Stadt auf den Beinen, nachdem der Büttel mit der Schelle in der Stadt das »Fischen« ausgerufen hat, er um 18 Uhr das Rathaus verlässt und die Stadtgarde den ersten »Schnöller« krachen lässt. Viele Lokale locken ihre Gäste mit Essen und Getränken unter freiem Himmel. Ein Sommernachtsfest, bei dem reichlich Alkohol fließt. Die Nacht freilich ist kurz. Denn schon um 7 Uhr wird am Sams-

Seite 74 kleines Bild: Versteckter Blick auf den Kirchturm von St. Martin.
Seite 75: Memmingens »gute Stube« – der Marktplatz mit Brunnen und Rathaus.
Rechts: Offengelegter Stadtbach.
Unten: Marktplatz mit Brunnen und Rathaus.

Oben: Der Memminger Marktplatz mit Brunnen, Steuerhaus (rechts) und St. Martin im Hintergrund.
Links: Die Mindelburg bei Mindelheim.

tag das Zeichen gegeben, dass alle (ausschließlich männlichen!) Fischer in den Bach springen und sich auf die Jagd nach der größten Forelle machen dürfen – umringt von tausenden lautstark anfeuernden Bürgern. Später wird der neue Fischerkönig in der Stadionhalle auf seinen Königsthron gesetzt. Er nimmt dort seit vielen Jahren Platz, obgleich den Fischern schon Gegenwind ins Gesicht blies. Von Tierquälerei sprachen Kritiker und von einer Männerdomäne, die nicht mehr in die heutige Zeit passe. Der Gegenwind blies letztlich aber zu schwach, um diese langjährige Tradition wirklich zu gefährden.

Das zweite Großereignis sind die Wallenstein-Spiele. Ebenfalls ein Fest mit großer Geschichte. 1630 im Mai muss es gewesen sein, als Albrecht Wenzel Eusebius Wallenstein, Herzog von Friedland, Mecklenburg und Sagan, quer durch schwäbische Lande zog. Natürlich mit Heer und Hofstaat im Schlepptau. Am 30. Mai ist er in Memmingen eingezogen. Die Bevölkerung damals hatte nichts zu lachen, als Wallenstein erschien. Der Mann muss ein eher empfindlicher Mensch gewesen sein. Denn sein erster Befehl lautete: Hunde und Hähne einsperren, Kirchenglocken verstummen lassen. Weshalb? Weil der lärmempfindliche und von Gicht geplagte Herzog geschont werden sollte, hieß es. Bis zum 3. Oktober blieben Wallenstein und sein Hofstaat, und letztlich hatten sie den Memmingern nicht nur Probleme bereitet, sondern sie hatten auch Geld und Gut in der Stadt gelassen. Immerhin mussten Ross und Reiter versorgt werden – gegen Bezahlung. Und auch die heimischen Handwerker brachten ihre Waren an den Mann. 1978 entschied der Fischertagsverein, beim Fischertag 1980 das Thema Wallenstein in den Mittelpunkt einer Aufführung zu stellen. Oberfischer und Mundartdichter Hermann Pfeifer setzte sich an seinen Schreibtisch und machte sich fleißig Notizen. Sein Ergebnis: Ein historisches Volksstück über die Geschehnisse anno 1630. Es folgten Festzug und Feierlichkeiten und schließlich die Idee, regelmäßig Wallensteins Auf-

Linke Seite: Die Buxheimer Reichskartause mit der Klosterkirche St. Maria. Das Chorgestühl gehört zu den kulturellen Kostbarkeiten Süddeutschlands. Rechte Seite: Prachtvolle Sonnenuhr in der Buxheimer Klosteranlage.

enthalt in Memmingen zu gedenken. Entwickelt haben sich daraus die Wallenstein-Spiele, bei denen die Bürger der Stadt die Vergangenheit nachspielen, Produkte von damals angeboten werden und einige Leute leben wie vor über 350 Jahren.

Sport: Mit der Entscheidung, am Hühnerberg eine neue Eissporthalle zu bauen, schwappte 1987 eine große Welle der Eishockey-Begeisterung über die Stadt. Ende November wurde sie mit einem Spiel des SCM gegen Bad Reichenhall eingeweiht, und kaum ein Platz blieb damals frei. 3.200 Zuschauer bedeuteten einen neuen Zuschauerrekord für einen Klub der Regionalliga. Die Begeisterung hielt an und mit ihr der sportliche Aufschwung des Vereins. Die erste Mannschaft siegte und siegte, stieg Jahr um Jahr in höhere Klassen auf und spielte schließlich in der zweithöchsten bundesdeutschen Klasse. Profi-Eishockey in einer kleinen Stadt – und plötzlich tauchten sogar Nationalspieler im Kader des SCM auf. Durchschnittlich kamen über 3.000 Besucher pro Spiel. Inzwischen spielt der Nachfolgeverein (EHC) des in wirtschaftliche Schieflage geratenen SCM in der Oberliga.

An große Zeiten können sich auch die Fußballanhänger erinnern. Im Stadion an der Bodenseestraße gehörte der heimische FCM stets der höchsten Amateurklasse an und machte immer dann große Kasse, wenn die Rivalen 1860 München oder FC Augsburg zu Gast waren. Der Zuschauerrekord fiel 1986, als die »Löwen« aus der Landeshauptstadt über 8.000 Zuschauer sehen wollten. Heute spielt der FC Memmingen in der Landesliga.

Sehenswürdigkeiten: Sehenswert in Memmingen sind zum einen die Kirchen. Beispiel Frauenkirche: Erstmals 1258 erwähnt, erhielt sie ihre wertvolle Bemalung aus gotischer Zeit vermutlich von Hans Strigel. Zum Beispiel St.-Martin-Kirche: Auch hier zieren wertvolle Malereien von Hans und Bernhard Strigel die Wände. Zudem verfügt die Kirche über ein imposantes gotisches

Chorgestühl. Zum Beispiel Kreuzherrnkirche: Ursprünglich gotisch, besitzt sie eine der wertvollsten Deckenarbeiten Süddeutschlands mit Wessobrunner Stuck. Sehenswert sind zum anderen folgende Häuser: Ein im Wortsinne einmaliges Siebendächerhaus, das einst den Gerbern zum Trocknen der Felle diente; Grimmelhaus (beherbergt heute das städtische Kulturhaus, Kulturamt und Volkshochschule); Hermannsbau; das Parishaus aus dem Jahre 1736; das 1589 erbaute Rathaus; das Steuerhaus, 1495 erbaut und 1708 um ein Stockwerk erhöht, das einst die reichsstädtische Stadtkasse beheimatete und heute als Verwaltungsgebäude dient.

Buxheim: Es ist ein sehr ruhig gelegener Kurort, der vor allem über ein kulturelles Juwel verfügt: Eines der wohl am besten erhaltenen Kartäuserklöster Deutschlands, umgestaltet im 15. und 18. Jahrhundert. Das reich geschnitzte Chorgestühl der gotischen Klosterkirche mit ihrem Kreuzgang und der barocken Ausstattung ist ein Meisterwerk, in das in den vergangenen Jahren Denkmalpflege und Politik sehr viel Arbeit und Geld gesteckt haben.

Schloss Lautrach: Sie soll einst Treffpunkt für Künstler und Wissenschaftler gewesen sein, diese ehemals fürstäbtliche Residenz aus dem 18. Jahrhundert. Inzwischen übernachten regelmäßig Führungskräfte aus ganz Deutschland im Schloss, denn es beherbergt seit geraumer Zeit ein Management-Centrum mit einem exklusiven Vier-Sterne-Tagungshotel. Eindrucksvoll ist neben der aufwändigen Einrichtung der Schlosspark.

Kronburg: Das Schloss ist nicht zu verfehlen und thront auf einer stattlichen Erhebung über dem Illerwinkel. Es stammt aus der Zeit der Renaissance, und wer einen Blick in die Gemäuer wagt, wird schnell feststellen, dass die Geschichte zum Greifen nah wird. Baron und Baronin von Vequel-Westernach führen sogar persönlich durch die beeindruckende Anlage. Schloss Kronburg ist heute ein passender und stilvoller Ort für Konzerte, Schlosshoffeste oder kulinarische Bankette.

Rechts: Majestätisch präsentiert sich die Ottobeurer Basilika. Unten: Innenhof des Renaissanceschlosses Kronburg.

Links und großes Bild rechts: Die Wallfahrtskirche Maria Steinbach, ein Juwel süddeutscher Sakralbaukunst.

Maria Steinbach: Diese kleine Gemeinde zieht jährlich zahlreiche Wallfahrer an – und deren Ziel ist die Rokoko-Kirche Maria Steinbach, ein Juwel süddeutscher Sakralbaukunst mit einer von Joseph Gabler gebauten Orgel. 1986 kam es zu einem bedenklichen Unfall: Während des Pfingstfestes stürzte ein Teil des Deckenstückes herab. Weshalb danach Bauhandwerker und Restauratoren ihre Arbeit aufnahmen – vier Jahre für umgerechnet 4,5 Millionen Mark. Heute erstrahlt die Kirche in hellstem Glanz.

Ottobeuren: Dieser Kneippkurort im wiesen- und waldreichen Günztal zieht jährlich ein internationales Publikum an – in die 764 gegründete Benediktinerabtei, die im 18. Jahrhundert zur größten Klosteranlage Süddeutschlands ausgebaut wurde. Prunkstück ist die Basilika, erbaut von 1737 bis 1766. Simpert Kramer legte einst die ersten Pläne für diesen kolossalen Bau auf den Tisch, den schließlich Johann Michael Fischer beendete. Jedes Jahr erklingen große Werke großer Komponisten in diesem beeindruckenden Konzertraum, der über 2.500 Besuchern Platz bietet – geboten von erstklassigen Ensembles unter prominentem Dirigat. So sind im Gästebuch von Ottobeuren Namen wie Herbert von Karajan, Leonard Bernstein, Wolfgang Sawallisch, Eugen Jochum oder Günter Wand verewigt. In Ottobeuren scheint die Kultur besonders gut zu gedeihen. Denn mit Diether Kunerth lebt ein renommierter Maler in diesem Kurort. Und es gibt Überlegungen, diesem Künstler ein eigenes Museum zu widmen.

Mindelheim: 1801 wurde Mindelheim bayerisch. 17 Jahre später erhielt Mindelheim eine magistratische Verfassung. Die knapp über 14.000 Einwohner zählende Stadt kann neben einer historischen Altstadt vor allem mit der Mindelburg werben, in der einst der Landknechtführer Georg von Frundsberg gelebt hat. Das große Volksfest in dieser Stadt ist das Frundsbergfest. Sehenswert: Rathauseck, Tore, Türme, Gassen und Giebel der alten Stadt, Jesuiten- und Liebfrauenkapelle sowie vier Museen.

Freddy Schissler

Das Ostallgäu

Das Ostallgäu ist ein Juwel. Vor allem der südliche Landkreis. Ein Saphir, wenn man den Reichtum an Seen in Betracht zieht. Majestätische Seen wie der Alpsee bei Hohenschwangau. König Ludwig II. hat ihn schwimmenderweise in knapp 20 Minuten durchquert, ihn mit einer romantischen Seilbahn in Form einer Pfauengondel überspannen wollen und sich zudem am Schwanenritter Lohengrin in Person des Sängers Paul von Thurn & Taxis ergötzt, der in einem Nachen Arien schmetternd über den See gezogen und musikalisch von der Kapelle des Kemptner Infanterieregimentes begleitet wurde, die sich, zwecks Wagnerscher Genialität und um den schönen Schein zu wahren, im Gebüsch verstecken musste. Heute kann man hier regelrecht »in Kitsch baden«, denn in den Sommermonaten lassen die Schwangauer Alphornbläser vom Pindarplatz aus bei Einbruch der Dämmerung ihre archaischen Klänge über den See schweben. Wassernixen haben beide Königsschlösser im Blick: das safrangelbe Hohenschwangau und das leichenblasse Neuschwanstein. Wie ein Zauber mutet es jedoch an, dass nur wenige Schritte hinter dem lauten Massentourismus zu Füßen der Königsschlösser eine fast verwunschene Welt der Stille und mythologischen Einsamkeit wartet. Im verträumten Schwanseepark zum Beispiel, dem Kleinen Englischen Garten der Wittelsbacher, den an die 500 verschiedene Baumarten zieren. Oder auf dem Gnomensteig. Vom hintersten Alpseewinkel führt er hinauf zur Marienbuche, durch ein natürliches Amphitheater mächtiger Kalkfelsen und mitten hinein in die archaischen Abgründe der Seele. Vom Alpsee weiter zum nicht weniger geheimnisvollen Alatsee im Faulenbacher Tal bei Füssen. Er weist die zweit-

Linke Seite: Schloss Neuschwanstein über dem Nebelmeer des Alpsees, vor der Kulisse der Tannheimer und Vilser Berge. Foto: Getty Images/Merten.
Rechts oben: »Im See, 1« lautet die Adresse des Musicaltheaters Neuschwanstein am Forggensee bei Füssen.
Rechts unten: Schloss Hohenschwangau zwischen dem majestätischen Alpsee und dem kleinen verträumten Schwansee.

höchste Schwefelwasserstoffkonzentration aller Seen Mitteleuropas auf, weshalb Taucher in einer Tiefe ab fünf Metern nicht einmal mehr ihre Hand vor den Augen sehen. Kaum noch zu sehen sind auch die alten Schwärzerpfade entlang des Alatsees, auf denen Schmuggler einst Käse und Vieh ins nahe Tirol hinüber und Tabak und Kaffee zurückgebracht haben. Ob das Gold der Deutschen Reichsbank kurz vor Ende des Zweiten Weltkriegs tatsächlich im Alatsee versenkt wurde, lässt sich bis heute nicht eruieren; dass im Alatsee aber kleine U-Boote getestet wurden, beweist die noch heute sichtbare Betonrampe am Ostufer. Unterhalb des Alatsees liegt der fischreiche Weißensee mit dem wohl schönsten Pfarrhaus im gesamten Allgäu, quadratisch im Grundriss, schilfumrankt und mit einer eigenen Einfahrt für den pastoralen Kahn. Oberhalb des Weißensees versteckt sich im Bergwald der Magnussitz, eine Felskanzel, auf der einst der Allgäu-Apostel gerastet haben soll, nachdem er weiter oben mit viel Lärm die Magnusalpe umgepflügt und den hiesigen Alemannen die Landwirtschaft gelehrt hat, dazu den Bergbau und die Verhüttung von Eisenerz. Der Magnusstollen am Älpeleskopf unterhalb des Säuling besteht noch heute, ebenso das Oratorium, das der Rätoromane aus dem Kloster Sankt Gallen Mitte des 8. Jahrhunderts am Lech gegründet hat und aus dem das prächtige Benediktinerkloster Sankt Mang hervorgegangen ist. Die Gebeine des Heiligen sind zwar verschollen, doch sein Fußabdruck am Lusalten, wo er von Dämonen verfolgt zu einem gigantischen Sprung über den tosenden Lechfall angesetzt hat, ist erhalten und eine vorchristliche Kultstätte und Touristenattraktion zugleich. Dass sich nur wenige Meter unterhalb des Magnustrittes in verwegener Lage rund 30 Meter hoch über dem schäumenden Lech, der sich hier durch einen Moränenriegel hinaus ins Alpenvorland zwängt, ein vermutlich keltisches »Durchschlupfloch« zum symbolischen Abstreifen alles Bösen befindet, wissen zum Glück nur die wenigsten. Apropos Sprung. In Schwangau kann man direkt ins Gebirge hineinspringen, geologisch gesehen. Unter dem Felsen, auf dem Neuschwanstein steht, beginnt die wildromantische Pöllatschlucht. Eine Wanderung durch die Schlucht hinauf zum Märchenschloss ist ein Gang durch die Jahrmillionen der Erdgeschichte und zudem identisch mit dem Weg, den die Schwangauer Bauern und Feuerwehrleute genommen haben, als es galt, die Verhaftung von König Ludwig II. zu verhindern. Heute versinkt der Märchenkönig mit seiner »Sehnsucht nach dem Paradies« nahezu 400 Mal pro Jahr in den Fluten des künstlichen Starnberger Sees auf Deutschlands zweitgrößter Drehbühne im Musicaltheater Neuschwanstein bei Füssen. In den Fluten des zum Forggensee aufgestauten Lech, immerhin Bayerns fünftgrößter See, sind vor über 40 Jahren die Dörfer Forggen und Deutenhausen sowie die Illasbergschlucht und die Trasse der römischen Via Claudia Augusta versunken. Nicht weit entfernt vom Tiefen Tal bei Rosshaupten, wo

Von links nach rechts: Über der Füssener Lechhalde thront das ehemalige Benediktinerkloster St. Mang. Innenhof des spätgotischen Hohen Schlosses zu Füssen mit seiner illusionistischen Fassadenmalerei. Blick vom Hohen Schloss über das Füssener Franziskanerkloster bis zum Tegelberg, dem Hausberg von Schwangau.
Rechte Seite: Über dem Kahnhaus am malerischen Alpsee erhebt sich Schloss Hohenschwangau mit dem Prinzenbau.

Magnus, der Missionar, den Drachen getötet haben soll, verbindet heute der Via-Claudia-Kunstpark als interregionales Open-Air-Projekt Tradition und Moderne und bietet direkt neben der »Strada del Sole« einen Rastplatz unter der »Schwerkraft Rhätiens« an. Ganz in der Nähe steht mitten in der welligen Moränenlandschaft das Geburtshaus des berühmten Lautenmachers Caspar Tieffenbrucker, der hier zur Welt kam und neuesten Forschungen zufolge auch als Erfinder der Geige gilt. Wahrscheinlich war Tieffenbrucker einer der ersten Ostallgäuer »Mächeler«, also Tüftler, deren Reihe weiter führt zu Erwin Wöhrle aus Weißensee, der 1963 den Kuhschwanzhalter für den traditionellen Anbindestall erfunden hat, und zu den findigen Köpfen, die im Innova High Tech Park in Kaufbeuren Hochgeschwindigkeitskameras für die NASA anfertigen.

Betrachtet man, um nur ein Beispiel von vielen zu nennen, die sanfte Wald-, Wiesen- und Moorlandschaft zu Füßen des 1054 Meter hohen Auerbergs, auch bekannt als Schwäbischer Rigi, wandelt sich das Juwel Ostallgäu vom Saphir zum Smaragd. Naturtöne als musikalische Komposition: vom Adagio der moorigen Erdfarben über das Andante dunklen Fichtengrüns und das Allegro lichtgrüner Buchenblätter bis hin zum Capriccio satt-

Rechts: Ruhepause am Forggensee bei Füssen, im Hintergrund das »Märchenschloss« mit Tegelberg, Bleckenau und Säuling. Unten von links nach rechts: Auf freiem Feld bei Schwangau liegt die barocke Pest- und Wallfahrtskirche St. Coloman. Ländliche Idylle im Füssener Umland, Wallfahrtskirche Maria-Hilf in Speiden. Bei den sogenannten »Bananeninseln« im Forggensee gibt's jede Menge Kies. Der knapp 1.800 Meter hohe Tegelberg bei Schwangau ist ein Dorado für Drachen- und Gleitschirmflieger.

grüner Wiesen mit knallgelben Löwenzahntupfern im Mai. Auf der ehemaligen Trasse der Via Claudia Augusta, inzwischen ein beliebter Radwanderweg, wurde, um im grünen Bereich zu bleiben, eine alte Mostbirnensorte neu angepflanzt, während sich in das Naturjuwel Birnbaumer Filz bei Trauchgau als Kuriosum der Nachkriegsgeschichte amerikanische Eichen verirrt haben. Wesentlich älter ist im Weiler Sameister die Kapelle zu den Sieben Schmerzen Mariae, mit ihren markanten Themenfenstern ein kunsthistorisches Kleinod und Grabstätte des »Ostallgäuer Palladios« Johann Jakob Herkomer. Auch auf dem Falkenstein bei Pfronten, mit 1268 Metern Deutschlands höchstgelegene Burgruine, lässt sich der in allen Grüntönen schillernde Landschaftssmaragd erleben. Gleiches gilt auch für die »Allgäuer Akropolis«, die beiden mittelalterlichen Burgruinen Hohenfreyberg und Eisenberg, deren exponierte Hügel der Sage nach Lehmbatzen an den Stiefeln eines Riesen waren.

Natur und Geschichte, Kunst und Kultur inmitten einer begnadeten Landschaft vor der heroischen Gebirgskulisse des Königswinkels prägen das Ostallgäu und der Smaragd wandelt sich zu einem Rubin mit ebenso vielen Facetten. Sie reichen vom Passionsspielhaus der Marktgemeinde Waal im Norden der Region bis zum Ludwig-Musical im Süden. Von der ehemals freien Reichsstadt Kaufbeuren mit Bayerns ältestem Kinderfest, dem Tänzelfest, und Bayerns derzeit jüngster Heiliger, Crescentia, bis zur Stadt Füssen am Lech, in der Mitte des 15. Jahrhunderts die erste Lautenmacherzunft Europas gegründet und mit dem »Füssener Frieden« der Bayerisch-Öster-

reichische Erbfolgekrieg beendet wurde und in dessen spätgotischem Hohen Schloss sich Kaiser Maximilian I., der letzte Ritter, an die 40 Mal jeweils mehrere Monate lang aufgehalten hat – im Gepäck sein berühmtes Hoforchester. So wie sich aus der Vergangenheit heraus das »memento mori« als ikonographisches Leitmotiv durch das Füssener Kloster Sankt Mang zieht und in dem 1602 geschaffenen Totentanz von Jacob Hiebeler in der Annakapelle gipfelt, so zieht sich in der Gegenwart die Musik wie ein roter Faden durch das gesamte Ostallgäu. Von den Füssener Tagen alter Musik und dem Europäischen Orgelwettbewerb über die Schlosskonzerte auf Neuschwanstein bis zur Bayerischen Musikakademie in der Ostallgäuer Kreisstadt Marktoberdorf. Sie ist auf dem Schlossberg in die ehemalige Sommerresidenz des Augsburger Kurfürsten Clemens Wenzeslaus eingezogen und richtet das weltweit renommierte Music-Sacra-Festival aus sowie den nicht weniger hochkarätigen Internationalen Kammerchorwettbewerb. Dass im Wirtshaus am Schloss das Bayerische Landesjugendjazzorchester seinen Sitz hat gehört ebenso zu den Marginalien am Rande wie die Wiederbelebung des einstigen Pförtnerhäuschens am Schloss als kreatives »Komponierhäusle« für junge Musiktalente, allerdings nur zur warmen Jahreszeit. Auch bei tiefen Temperaturen singt dagegen der bundesweit einzigartige Ostallgäuer Bürgermeisterchor, auch die Dichte der Blasmusikkapellen ist im deutschlandweiten Vergleich spitze. Weitere musikalische Kuriositäten gibt es in der Gemeinde Schwangau: zum einen die »Kaiser-Wilhelm-Gedächtniskapelle«, zum anderen den »Gebirgstrommelerhaltungsverein Erlisholz e.V.«, die beide ihre Auftritte zum Bedauern vieler nur auf die närrische Zeit beschränken. Nicht fehlen darf in der angesichts der kulturellen Fülle unvermeidbar lückenhaften Auflistung das Festival »Klang & Raum«. In der barocken Opulenz der ehemaligen Benediktinerabtei Irsee bringt Bruno Weil mit seinem kanadischen Tafelmusik Orchestra die musikalische Epoche der Wiener Klassik zu Gehör. Dass dieser glanzvolle Genius loci leider auch seine grauenvolle Schattenseite hat, sei nicht verschwiegen. Während des Nationalsozialismus war die im Irseer Kloster eingerichtete Pflegeanstalt die bayerische Schaltzentrale der Euthanasie. Als modernes und integratives Künstlerdorf hat Irsee seine dunkle Vergangenheit bewältigt und ist als »Golddorf«, unter anderem mit einem 4-Sterne-Hotel für Pferde, beim landesweiten Wettbewerb der Dorfverschönerung mehrfach zu Ruhm gekommen.

Was bleibt als – zugegeben lokalpatriotisches – Fazit? Die bunten Edelsteine des Ostallgäus schmücken die Krone bayerisch-schwäbischer Landschaften an sicher nicht unwesentlicher Stelle. Und wer an einem dieser seltenen lichtblauen Tage auf der großen Holzterrasse der Alpe Beichelstein bei Seeg in der Sonne sitzt, ein Stück würzigen Bergkäse oder den selbstgebackenen Kuchen genießt und das Auge vom Ammergebirge über die nahen »Tannheimer Dolomiten« bis zum Aggenstein und Edelsberg schweifen lässt, der müsste schon ein Stein sein, würde er nicht ein wenig Dankbarkeit dafür empfinden, dass er in einer Landschaft leben darf, in der andere nur eines wollen – Urlaub machen!

Andrea Zinnecker

Großes Bild: Der Markt Nesselwang mit seiner Pfarrkirche St. Andreas vor der Gebirgskulisse der Ammergauer Alpen. Unten von links nach rechts: Spaziergang in der kurfürstlichen Lindenallee der Ostallgäuer Kreisstadt Marktoberdorf. Kirchtürme und Dächergewirr der Kaufbeurer Altstadt. Bei einem Bummel entlang der mittelalterlichen Stadtmauer bieten sich reizvolle Motive. Der noch heute bewohnte Fünfknopfturm gilt als Wahrzeichen von Kaufbeuren.

HOTEL KRONE

Die Kemptener Residenz war bis zur Säkularisierung das geistliche wie weltliche Zentrum des Fürststifts Kempten. Der barocke Bau verbirgt weitestgehend original erhaltene Prunkräume wie den Thronsaal, den größten Repräsentationsraum.

Kempten

Noch liegt der Nebel über den Tälern. Auf dem Waltenberger Haus, hoch in den Bergen von Oberstdorf, serviert Hüttenwirt Mandi Böllmann den Gästen das Frühstück. Unten in den Dörfern treiben die Bauern ihr Vieh auf die Weiden. Tausende von Menschen machen sich auf den Weg zur Arbeit. Bei Bosch in Blaichach geht die Nachtschicht zu Ende. Die Kurgäste im Schrothkurort Oberstaufen beginnen den Tag in kalten, nassen Laken. In der »Alpen-Allergie-Station Oberjoch« atmen die Patienten erst mal richtig durch: Luft der Güteklasse 1. Auffällig viele Traktoren und Viehtransporter strapazieren heute in der »Allgäu-Metropole« Kempten die Nerven der Pkw-Fahrer. In der Tierzuchthalle ist eine große Auktion. Nur wenige Meter davon entfernt öffnet das neue, hochmoderne Einkaufszentrum »Forum Allgäu« mit 23.000 Quadratmetern Verkaufsfläche und einer riesigen Multifunktionshalle …

Das Oberallgäu hat viele Gesichter, aber ein einzigartiges Profil. Dies ist geprägt von der Landschaft und den hier lebenden Menschen. Um uns einen Überblick über den südlichsten Landkreis Schwabens zu verschaffen, machen wir das, was viele Allgäuer mit Begeisterung immer wieder tun: Wir steigen auf einen Berg. Der 1.738 Meter hohe Grünten, wegen seiner exponierten Lage auch »Wächter des Allgäus« genannt, eröffnet uns einen atemberaubenden Rundblick über eine der landschaftlich schönsten Regionen Deutschlands.

und das obere Allgäu

Der Hofgarten, einst die barocke Gartenanlage der Residenz, findet im Norden einen dekorativen Abschluss durch die Orangerie, die heute die Stadtbücherei beherbergt.

Blick vom Hofgarten auf die Basilika St. Lorenz in Kempten, der erste große Kirchenbau in Süddeutschland nach dem 30-jährigen Krieg. Im Inneren der Kirche sind die Stilelemente der Spätrenaissance mit denen des Frühbarock vereint.

Im Süden besticht die Kulisse des Allgäuer Hauptkammes mit ihren bis weit in den Sommer schneebedeckten Gipfeln. »Eine Musterkollektion aller möglichen alpinen Formationen«, schrieb der schwäbische Heimatpfleger Dr. Alfred Weitnauer (1905–1974) über diese rund zehn Millionen Jahre alten Gesteinsriesen, die bis zu 2.600 Meter hoch sind. Denn nirgendwo im Alpenraum sind die Berge so unterschiedlich geformt. Hier das Gottesacker-Plateau mit seinen kargen Karstflächen, dort die lieblich wirkende Nagelfluhkette, hier die spitzen Nadeln der Siplinger Köpfe, dort die Felswildnis von Trettach und Mädelegabel. Und mitten drin Höfats und Schneck, auf deren schroffen Gipfelhängen noch auf 2.000 Metern Höhe Gras und Blumen wachsen. Hunderte von Gipfeln, ungezählte Grate, Felswände und Schluchten hinterlassen einen unvergesslichen Eindruck und sind ein begehrtes Revier für Alpinisten, Skifahrer und Mountain-Biker.

Wenden wir unseren Blick vom Grüntengipfel nach Norden. Hier kann das Auge schier grenzenlos schweifen: über ein Relief mit Wiesen und Wäldern, Seen und Flüssen, Dörfern und Städten. Das heutige Erscheinungsbild des Oberallgäus wurde in erster Linie von den Gletschern geschaffen, die sich bis vor 20.000 Jahren ins Tal schoben und eine Moränenlandschaft mit unzähligen kleinen und großen Hügeln, Seen und Hochmooren hinterließen. Mitgestaltet haben es aber auch die Bauern. Durch ihrer Hände harte Arbeit konnte diese alpine Kulturlandschaft erst entstehen. Schon im Mittelalter rangen sie dem Wald Meter für Meter Land ab, rodeten bis über 1.000 Meter Höhe, um Wirtschaftsflächen zu gewinnen. Es ist heute kaum mehr vorstellbar, welch harte Arbeit notwendig war, um die teilweise steilen und unwegsamen Hänge zu bewirtschaften – das Oberallgäu gehörte noch vor 200 Jahren zu den ärmsten Gegenden Deutschlands. Erst der »Notwender«, Carl Hirnbein, brachte um 1830 die Wende: er zog einen Schlussstrich unter die Ära des wenig ertragreichen Acker- und Flachsanbaus und brachte die Kunst der Hart- und Weichkäseherstellung in die Region. Und mit ihr die landschaftsprägende Grünlandwirtschaft.

Von den fetten Wiesen ist die typische braune Allgäuer Kuh nicht mehr wegzudenken. Auch nicht von den Titelseiten glänzender Werbebroschüren. Als Alfred Weitnauer 1958 die Kuh als »ungekrönte Königin des Allgäus« bezeichnete, scheint er prophetische Fähigkeiten gehabt zu haben. Denn viele Kühe sind heute tatsächlich »ungekrönt«: Um die Verletzungsgefahr in den Laufställen zu minimieren, werden ihnen schon in ihrer Jugend die Hörner entfernt. Dank digitaler Bildbearbei-

tung ist dieses kleine Manko für Werbegraphiker aber kein Problem.

Und wer kennt sie nicht, die formatfüllenden Fotos von den traditionellen Oberallgäuer Viehscheiden? Bei den Alpabtrieben kommen tausende Rinder von der Sommerfrische in den Bergen zurück ins Tal. Für viele moderne Stadtmenschen dürfte es unvorstellbar sein, dass in unserer hochtechnisierten Zeit alle Jahre wieder Männer und Frauen rund hundert Tage als Hirten in einfachen Berghütten teils ohne Strom und fließend Wasser verbringen. Von den 617 Alpen – so nennen die Allgäuer ihre Almen – musste in den vergangenen Jahren keine einzige geschlossen werden, obwohl sich die Alpwirtschaft schon lange nicht mehr selbst finanziert. Im Vordergrund steht heute die Pflege der alpinen Kulturlandschaft, im Hintergrund bayerische und EU-Fördermittel. 96.000 Rinder gibt es heute im Oberallgäu. Laut Statistik kommen auf drei Menschen zwei Rinder.

Die Milch der Kühe, das »Weiße Gold« des Allgäus, wird in zahlreichen, namhaften Markenmolkereien vor Ort verarbeitet. Die Käserei Champignon, die Edelweiß Milchwerke, die Stegmann Emmentaler Käsereien und Töpfer GmbH sind die bekanntesten innerhalb der Landkreisgrenzen. Nirgendwo sonst in Deutschland wird so viel Käse hergestellt. Die Süddeutsche Butter- und Käsebörse in Kempten ist heute einer der wichtigsten Notierungsplätze für Milcherzeugnisse in der Bundesrepublik. Alles Käse, oder was? Natürlich nicht, obwohl viele das glauben. Laut einer Studie der Kemptener Fachhochschule verbinden knapp 20 Prozent der Befragten mit dem Allgäu den Begriff Käse. Dabei gibt es noch andere Exportschlager aus dem Oberallgäu, wie etwa die Walzfräsmaschinen von Liebherr. Bei der ABS-Fertigung ist Bosch mit seinem Leitwerk in Blaichach Weltmarktführer. Und seit Jahrzehnten verleiht Kunert Immenstadt den weiblichen Beinen vieler Nationen Eleganz und Raffinesse.

»Dort arbeiten, wo andere Urlaub machen!« So werben renommierte Firmen aus der Region für ihren Standort. Und Urlaub machen im südlichsten Landkreis Deutschlands viele. Was vor 130 Jahren mit den ersten Sommerfrischlern begann, hat sich zum wichtigsten Wirtschaftsfaktor im südlichen Oberallgäu entwickelt. Rund 2,5 Millionen Gäste zählt man pro Jahr und 11 Millionen Übernachtungen. An der Spitze steht der älteste und bedeutendste Kurort des Allgäus, die Marktgemeinde Oberstdorf. Hier sind die Einheimischen eindeutig in der Minderheit: Laut Statistik kommen auf jeden Oberstdorfer 1,7 Gästebetten. Selbst internationale Stars wie Tina Turner schätzen den Aufenthalt im Schrothkurort Oberstaufen. Und kein geringerer wie Prinz Aga Khan ist Freund und Gönner der vielfach ausgezeichneten Öko-Gemeinde Bad Hindelang. »Urlaub auf dem Bauernhof« ist ein wichtiges wirtschaftliches Standbein der Bauern, und für kinderreiche Familien eine preisgünstige Alternative zum Hotel. Im

südlichen Landkreis bietet schon jeder zweite Landwirt Ferienwohnungen an.

Was lockt die Menschen in einer Zeit der Billigflüge und Pauschalreisen mit verbriefter Sonnen- oder Schneegarantie immer wieder hierher? Schließlich ist das Allgäuer Wetter tückisch und hat schon manch eine Urlaubsplanung buchstäblich verhagelt, auch wenn man insgesamt auf eine fast ebenso hohe Sonnenscheindauer wie der deutsche Spitzenreiter Freiburg verweisen kann. Vielleicht ist die nostalgische Sehnsucht nach einer intakten

Landschaftlich reizvoll, das Umland von Sonthofen.
Links: Der Luftkurort Bühl am Großen Alpsee bei Immenstadt, einer der größten Naturseen des Allgäus.

Natur das natürliche Selbstverständnis der hier lebenden Menschen. Die Oberallgäuer verbiegen sich nicht für die Touristen, sondern bleiben sich treu. Selbst spezielle Kur- und Wellness-Angebote wurzeln in traditionell Gewachsenem: So kann man heute im Luxushotel Molke- oder Heubäder genießen. In Bad Hindelang duzt man sich im ersten deutschen Du-Hotel oder schickt die Kinder ins Heu-Spielzimmer. Das ist die unverwechselbare Handschrift des Allgäuer Tourismus. Vielleicht kommen sie deshalb immer wieder, die Liebhaber dieser Ecke Schwabens, die sich vor allem den herben Charme der Landschaft und ihrer Leute bewahrt hat. »Tradition, die nach vorne blickt« heißt eines der Leitbilder der Region. Selten berühren sich Tradition und Moderne so wie hier, kaum irgendwo sonst finden wir ein so enges Nebeneinander von Urbanem und Ländlichem, von Stillem und Schrillem. Ein Besuch der Allgäuer Festwoche in Kempten, der größten regionalen Verbraucherausstellung im Allgäu, macht uns das mehr als deutlich. Melkmaschinen und Mode, Heutrocknungs-Anlagen und Hightech-Geräte, Gurkenhobel und Gabelstapler und dazu ein Kultur- und Unterhaltungsprogramm mit rund 300 Veranstaltungen. Rock neben dem Bierzelt, Wettmelken und Karaoke, Kunstausstellungen und jede Menge Podiumsdiskussionen. Und das gibt es wohl sonst nirgendwo in Deutschland: Ein Milchzelt, bei der sich alles ausschließlich um die Milch dreht. Rund 150.000 Besucher informieren sich jedes Jahr in den vielen, oft stickigen Zelten und Ausstellungshallen.

Vor allem aber ist die Allgäuer Festwoche im August ein gesellschaftliches Ereignis ersten Ranges. Es gehört schon quasi zum guten Ton, mindestens einmal mit Freunden oder Kollegen abends ins Bier- oder Weinzelt zu gehen. Und das gilt für jung und alt gleichermaßen. Während im Bierzelt bei traditioneller Blasmusik und Göckeln vom Grill bayerische Bierseeligkeit herrscht, steppt nebenan der Bär. Ein bunt gemischtes Völkchen tummelt sich in und zwischen den Zelten, die übrigens seit mehr als 50 Jahren mitten in der Stadt stehen. Ein Mix aus feschen Dirndln und nabelfreien Tops, Lodenjankern und Lederjacken, gepflegten Bärten und coolen Piercings, Tattoos und bestickten Hosenträgern. Erlaubt ist, was gefällt.

Kempten, mit 62.000 Einwohnern die zweitgrößte Stadt Schwabens und Hochschulstadt, ist stolz auf seine Fortschrittlichkeit. Aber

Unweit von Tiefenbach liegt der Eingang zur Breitachklamm. Ein Naturwunder ohnegleichen. Brausend und zischend stürzt das Wasser der Breitach durch die enge Schlucht mit fast hundert Meter hohen senkrechten und überhängenden Wänden. Seit 1905 ist die Breitachklamm, außer zur Zeit der Schneeschmelze, ganzjährig begehbar.

Frömmigkeit und Traditionsbewusstsein prägen das Obere Allgäu. Häufig sieht man hier an Straßen und Wegen solche Wegkreuze.

ebenso auf sein hohes Alter. Wer über den Berliner Platz im Osten der Stadt hereinkommt, erfährt warum. »Älteste Stadt Deutschlands« ist dort in eine Säule gemeißelt. Das behaupten zwar die Kölner und Trierer auch zu sein. Aber das älteste schriftliche Zeugnis für eine deutsche Stadt überhaupt liefert der griechische Geograph Strabon im Jahr 18 n. Chr. mit der Erwähnung von Kambodounon, der »Stadt am Fluss«. Sie soll bereits weit vor Christi Geburt keltisches Siedlungsgebiet gewesen sein. Der Beweis für die Existenz dieser Siedlung fehlt allerdings bis heute noch. Die Kemptener nehmen das gelassen.

Ein echter steinerner Zeitzeuge ist die alte, weithin sichtbare Festung auf einem Hügel mitten in der Stadt: die Burghalde. Hier verschanzten sich schon die keltischen Kemptener vor den römischen Legionären, die unter Führung von Augustus Sohn Tiberius über die Alpen kamen. Heute rockt auf der Freilichtbühne des Kastells Rockgöre Nena, jodelt Hubert von Goisern oder singt Verdis Aida mit doppeltem Forte. Und beim Kino-Openair zeigt man die neuesten Filme vor den uralten Mauern. Die Blütezeit des römischen »Cambodunum«, die über 400 Jahre dauerte, ließ der Stadtarchäologe Dr. Gerhard Weber 1987 wieder aufleben. Mit dem Archäologischen Park Cambodunum (APC) im Osten der Stadt. Hier lustwandelt man im teilrekonstruierten gallorömischen Tempelbezirk. Und zwischen den Originalruinen der kleinen Thermen kann man sich lebhaft vorstellen, wie Kempten einst baden ging.

Nach der Eroberung durch die Alemannen gründeten die St. Gallener Mönche Magnus und Theodor um 740 in Kempten eine Missionszelle, die Keimzelle eines Benediktinerklosters. Diese unterstand nach 1200 als Reichsabtei dem König, beziehungsweise dem Kaiser. Die Äbte nannten sich seit 1348 Fürstäbte und bald war vom Fürststift die Rede. Neben dem Kloster wuchs eine Handelsstadt, die spätere evangelische Reichsstadt Kempten. Beide Mini-Staaten hatten eigene Gesetze und Währungen. Jahrhunderte lang bekämpften sie einander erbittert. »Der eiserne Vorhang ist eine Kemptener Erfindung« schrieb Heimatpfleger Weitnauer. 1802 aber endete die Selbstständigkeit von Stift und Reichsstadt. Im Zuge der Säkularisation fielen beide an den Bayerischen Staat und wurden 1818 zwangsvereinigt.

Wer mit offenen Augen durch Kempten geht, erkennt noch heute ganz deutlich die zwei Gesichter der Stadt. Die Stiftsstadt protzt mit Bauten, wie der weithin sichtbaren St.-Lorenz-Basilika mit ihrer mächtigen Kuppel, dem ersten großen Kirchenbau in Süddeutschland nach dem 30-jährigen Krieg. Oder der ehemaligen fürstäbtlichen Residenz. Der barocke Bau verbirgt weitestgehend original erhaltene Prunkräume mit beachtlicher Rokoko-Ausstattung. Ein prächtiger Hofgarten mit Orangerie, das Kornhaus und der Marstall zeugen noch heute vom Glanz und Reichtum vergangener Tage. Aber auch die ehemalige freie Reichsstadt gibt sich selbstbewusst. Im Zentrum entdecken wir die seit der Reformation evangelisch-lutherische St.-Mang-Kirche, baulich das älteste Gotteshaus der Stadt. Zahlreiche Patrizierhäuser in diesem mittelalterlich geprägten Stadtteil wurden mit viel Eigeninitiative der Bürger aufwändig restauriert. Bereits 1958 hat man mit der Sanierung der Häuser begonnen, was ab 1963 als städtebauliches Modellprojekt von Bund und Land finanziell unterstützt wurde.

Der Rathausplatz, Zentrum der heutigen Altstadt, lädt uns zum Verweilen ein. Rund um das schlanke spätgotische Gebäude mit zwei markanten, erkerartigen Türmchen trifft sich jung und alt. An lauen Sommerabenden scheint hier ein Hauch von »dolce vita« aus dem nicht allzu weit entfernten Italien herüberzuwehen. Alle Cafés und Bars, Kneipen und Restaurants ziehen ins Freie um. Wir sitzen vor dem Rathaus inmitten eines Meeres von Tischen und Stühlen. Und auf einmal fällt uns wieder ein, was wir irgendwann, irgendwo einmal gelesen haben. Die Stadt Kempten hat eine Kneipendichte, die sich mit manch einer Großstadt messen kann. Hier vor dem alten Rathaus eröffnen alljährlich im April Musiker aus der ganzen Welt

den Kemptener Jazz-Frühling. Mitten im Herzen des Allgäus findet das größte Festival Europas statt. Dann wird Kempten eine Woche lang zum Mekka für Jazz-Freaks aus vielen Nationen. Schon lange hat man der Jazz-Hochburg Burghausen mit einem explosiven Musik-Mix den Rang abgelaufen. Bei unserem weiteren Streifzug durch die Innenstadt genießen wir die entspannte Atmosphäre, die unwillkürlich zum Bummeln animiert. Rund eine halbe Million Menschen kommen zum Einkaufen nach Kempten – selbst die österreichischen Nachbarn shoppen hier. Die große Kaufkraft ist freilich nicht nur auf die Attraktivität der Stadt, sondern vor allem auf das strukturschwache Umland zurückzuführen. Die zentrale Einkaufsmeile Kemptens, die Fischerstraße, war 1970 die erste Fußgängerzone Schwabens. Heute sind weite Teile der Innenstadt verkehrsberuhigt. Rund 600 Einzelhandelsgeschäfte bieten – fernab vom Stress und der Hektik benachbarter Großstädte – ein breites Sortiment von Nützlichem und Schönem.

Kempten als Wohnort und Lebensmittelpunkt. Zugegeben: das ist nicht jedermanns Geschmack. Wer aber gern ein bisschen städtisches Flair genießt, wer Überschaubarkeit der Anonymität großer Städte vorzieht, vor allem aber, wer gern seine Freizeit in der Natur verbringt, ist hier richtig. Auch wenn man seit dem Ausbleiben der schneereichen Winter keinen Skilift mehr im Stadtgebiet betreibt, liegt eine wunderbare Landschaft direkt vor der Tür: Berge, Seen und Flusslandschaften. Und auch das »Schwäbische Meer«, der Bodensee, ist nur einen Katzensprung entfernt. Wen wundert es also, dass der Anteil der »Reingeschmeckten« – so nennen Allgäuer die Menschen aus anderen Bundesländern – überraschend groß ist.

Susanne Lorenz-Munkler

Hier werden Urlaubsträume wahr.
Im ältesten Kurort des Allgäus, der Marktgemeinde Oberstdorf.
Links zu sehen die Lorettokapelle, rechts unten die Fellhornbahn.
Vorbei an rauschenden Gebirgsbächen führt ein landschaftlich reizvoller Wanderweg auf das Nebelhorn.

Lindau übernimmt Vorsitz im Bundesrat.« – Es ist Deutschlands kleinstes Bundesland und seine Fläche ist geringer als die von Hamburg und Bremen, aber im Konzert des Bundesrates hat Lindau oft genug eine entscheidende Stimme unter den 17 Ländern der Republik. Die Arbeitslosenquote in Deutschlands Südwesten ist erfreulich gering, der Lebensstandard seiner rund 75.000 Einwohner relativ hoch. Bei der Pisa-Studie schnitt Deutschlands südwestlichstes Bundesland am besten ab. Im nächsten Jahr wird der Lindauer Ministerpräsident die Präsidentschaft in der Länderkammer übernehmen. Sonst residiert der Landesvater auf einer Insel im Bodensee, in unmittelbarer Nachbarschaft zu Baden-Württemberg, der Schweiz und Österreich.

Archäologen schätzen das Bundesland wegen seiner bedeutenden Zeugnisse aus römischer Zeit. So wurde vor wenigen Jahren im Hausbach von Weiler ein mannshoher Kopf des Kaisers Augustus geborgen, der auf die Zeit zwischen 30 vor bis 14 nach Christus datiert wurde. Es wird vermutet, dass das meisterlich gefertigte und äußerst gut erhaltene Stück Teil einer Kolossalstatue gewesen sein könnte, die aus Carrara-Marmor gefertigt

bodensee westallgäu

und nach Germanien geschafft wurde. Wie die Plastik im Hausbach der Gemeinde Weiler-Simmerberg-Ellhofen gelandet ist, darüber streiten die Gelehrten.

Fiktion und Lüge stehen am Anfang unserer Reise in das Westallgäu und an den Bodensee. Die Fiktion ist dabei gar nicht so fiktiv, denn der Landkreis Lindau kam erst 1956 zu Bayern und Schwaben.

Nach dem Zweiten Weltkrieg gehörte das Westallgäu zur französischen Besatzungszone, als Brückenpfeiler zwischen den ebenfalls französisch besetzten Gebieten in Württemberg sowie in Vorarlberg und Tirol. Lindau hatte deshalb seit September 1945 eine eigentümliche staatsrechtliche Sonderstellung, mit eigenem Landgericht und einer eigenen Industrie- und Handelskammer. Die demnächst jedoch mit der IHK Augsburg und Schwaben fusionieren wird.

Erst 1956 holte der damalige bayerische Ministerpräsident Wilhelm Hoegner Lindau heim in den Freistaat. Wie um eine Braut hatte der Sozialdemokrat um den Kreis geworben und die Lindauer hatten ihn schließlich erhört. »Der Kreis Lindau ist nun wieder ein Juwel unter den bayerischen Gebieten, das wir in Zukunft besonders in Ehren halten wollen«, sagte Hoegner zum Festakt der »Wiedervereinigung«.

Es gibt nicht wenige Einheimische, die bezweifeln, ob diese Worte Hoegners Nachfolgern in der Staatskanzlei in Erinnerung geblieben sind. »Gehört Lindau überhaupt noch zu Bayern?«, zumindest in der bayerischen Landeshauptstadt wird diese geopolitische Unsicherheit häufiger geäußert, wenn auch nicht gerade in freistaatlichen Ministerien. Der Chiemsee ist ihnen halt

Seite 100/101 und links: Die Wasserburger Halbinsel mit Pfarrkirche St. Georg und Altem Schloss.
Rechts: Äpfel am Spalier. – Neben dem Alten Land bei Hamburg ist der Bodensee wichtigstes Obst-Anbaugebiet Deutschlands.

näher, den Münchnern, und die A96 von München an den Bodensee immer noch nicht lückenlos geschlossen.

Doch ist der Traum vom Bundesland Lindau ausgeträumt. »Pacta sunt servanda«, wie der Lateiner sagt, womit wir in den oberen Landkreis Lindau gehen und uns – nach der Fiktion – mit einer köstlichen Lüge befassen wollen. Ein Steinmetz und Bildhauer aus Scheffau, einem Gemeindeteil von Scheidegg, hatte da zusammen mit einem Freund bei einem Bildhauer-Kolloquium einen Römerschädel aus dem Stein geschlagen, ein Meter neunzig groß und beeindruckend römisch, geradezu antik geriet das Werk. Und dazu fabulierte er die Geschichte vom archäologischen Fund, bestens erhalten, zu verkaufen und – bis dahin – jedem zur Besichtigung freigegeben.

Der Autor eines Fremdenführers war davon so begeistert, dass er seinen Lesern einen Besuch am Standort neben dem Hausbach dringend empfahl. Inzwischen ist der Kopf, weil er bei Renovierungs-

Links oben: Territorial-Anspruch seit zwei Jahrhunderten – der bayerische Löwe an der Lindauer Hafeneinfahrt.
Links unten: Der Mangturm im Lindauer Hafen.
Rechts oben: Wahrzeichen der Inselstadt – der Lindavia-Brunnen hinter dem Rathaus.
Rechts unten: Leuchtturm an der Hafen-Mole.

arbeiten einer Gastwirtschaft im Wege stand, wieder in der Werkstatt des Künstlers. Aber das letzte Wort über das Kunstwerk, das so beredt Zeugnis über die Gegenwart ablegt, ist damit noch nicht gesprochen. Die heitere Lüge geht weiter: Der Augustus-Kopf werde gerade renoviert, Teile des rechten Fußes und der linken Hand seien inzwischen entdeckt worden, lässt der Urheber von Schädel und Scherz wissen.

Dabei sollen diese Römer ja wirklich in den ersten vier christlichen Jahrhunderten am See gelebt haben, aber wo waren die Römer nicht? Hiesige gingen mit Fremden immer eher gleichmütig um.

Das erinnert mich an ein Gespräch mit dem Bürgermeister von Harare, im afrikanischen Zimbabwe. Bei Erörterung der kolonialen Vergangenheit des schwarzen Kontinentes, gebrauchte einer aus unserer Delegation die Formulierung »als Afrika entdeckt wurde«, der würdige Afrikaner quittierte diesen Satz mit der Bemerkung, »wir mussten nicht entdeckt werden, wir waren schon immer da!«

Wahrscheinlich waren die Seeanrainer auch schon immer da, wegen der günstigen (strategischen?) Lage, wegen des guten Nahrungsangebotes und wegen dem Wassersport.

Den Heiligen Columban, Gallus und Magnus soll es nicht so gut gefallen haben, aber in Gottes Namen blieben sie dann doch. Wahrscheinlich war es auch gar nicht so einfach, den Alemannen das Paradies im nächsten Leben zu versprechen, wo die doch meinten, dass sie am Bodensee längst dort angekommen waren.

Das Westallgäu gibt einem jeden Gemüt, was es braucht. Im unteren Landkreis, am See, liegt die durchschnittliche Jahrestemperatur bei 8 bis 9 Grad. Hier wachsen Obst und Wein. Die Milch kommt aus dem Hügelland von Hergensweiler, Opfenbach, Hergatz, Gestratz, Grünenbach, Maierhöfen, Weißensberg und Sigmarszell mit Höhenlagen bis zu 750 Metern. Und den Bergkäse liefert der obere Landkreis zwischen Lindenberg, Stiefenhofen und Scheidegg.

Unten beginnt der Frühling einen Monat früher als in Augsburg und es blühen am Bodensee oft schon die Magnolien, wenn sie an Lech und Wertach noch Schnee schaufeln. Oben regiert der Winter länger und ein Frosteinbruch im Mai ist nicht selten. Dafür hat Bayerns zweitkleinster Landkreis quasi drei Klimazonen und das touristische Angebot kann sich damit fast mit dem der Riviera und ihrem Hinterland messen.

Links: Lindenberg im Westallgäu und seine neu-barocke Pfarrkirche.
Unten: Spezialitäten aus dem eigenen Landstrich. – Immer mehr Gemeinden im Landkreis Lindau veranstalten regelmäßig Wochenmärkte.

Zum Skifahren an den Hopfen und zum Kaffee im Freien an Lindaus Hafen, sogar Bayerns einzige beiden Leuchttürme gibt es da. »Deutschlands Happy End« haben Tourismus-Werber die Ecke getauft, wobei »End« noch zu diskutieren wäre. Die Missionierung Bayerns hat in jedem Fall unweit von hier, auf der Reichenau und in St. Gallen, ihren Anfang genommen. Ohne die iro-schottischen Mönche vom Bodensee sähe der Freistaat heute anders aus.

Regenten hat die Gegend später viele gesehen. Aus Bayern, Württemberg, aus Österreich und sogar aus Frankreich kamen sie. Napoleon setzte den Lindauern und ihrer Freien Reichsstadt ein Ende. Das nehmen viele heute noch übel. Und Repräsentanten aus München, Wien und Bern sind im Dreiländereck nicht unbedingt besser gelitten.

Man weiß hier um seine eigenen Stärken. Die Pferdehändler, die ihre Rösser bis nach Italien trieben, die Hutmacher, die ihre Produkte aus Lindenberg weltweit vermarkteten, haben Maßstäbe gesetzt. Heute gehen Nahrungsmittel und Hightech-Erzeugnisse, Schachcomputer und Fruchtsäfte, Textilien und Kälteanlagen vom Westallgäu in den Rest der Welt. Die Lage ist immer noch günstig. Gleich hinterm Bodensee beginnt das Mittelmeer und mit der Schweiz gibt es einen nahen Partner, der sich nicht an EU-Richtlinien halten muss, was nicht nur den Eidgenossen frommt.

Und im Dialekt haben sich die Westallgäuer immer schon über ihre Grenzen hinweggesetzt nach Vorarlberg und ins Appenzeller Land, nach Südbaden bis ins Elsass. Der aus Wasserburg am Bodensee stammende Schriftsteller Martin Walser darf sicher als großer Meister der deutschen Sprache gelten, sein alemannisch hat er nie verleugnet. »Dialekt sprechen heißt, in seiner Sprache barfuß gehen«, der Spruch stammt zwar aus Altbayern, hat aber globale Gültigkeit. Ein solch Barfüßiger ist auch Werner Specht aus Lindenberg. »Hochdeutsch, das sind gesägte Bretter, im Dialekt ist der Wald noch im Saft.« Der Liedermacher, Autor und Maler ist oft auf Tournee, aber es drängt ihn immer wieder heim. Darin kann ich ihn inzwischen sogar als Münchner verstehen.

Und wo bleibt das Essen und Trinken? Es gibt … »eine solche Abwechslung an Suppen, Saucen und Salaten, und das alles in den guten Gasthäusern mit solchem Wohlgeschmack zubereitet, dass kaum die Küche des französischen Adels damit verglichen werden kann …« Diese Einschätzung stammt von dem französischen Lebemann und Durchreisenden Michel de Montaigne. Sie datiert jedoch aus dem 16. Jahrhundert und bedarf somit einer gewissen Revision.

Thomas Scherer

Links: Wenigstens die Wetterseite gehört geschindelt. – Noch gibt es Schindelmacher im Landkreis.
Unten: Typischer Bauernhof und Ausblick auf die malerische Landschaft im Umland bei Weiler.

Es ist auch heute noch der Brauch, der dem Bauernjahr, das sich fast untrennbar mit dem Kirchenjahr verbunden hat, seine Eigenart verleiht. Der Brauch schafft auch einen festen Standpunkt im Fluss der Zeit, der uns auf bewährtem Grund einen Rückblick und einen Ausblick ermöglicht. Früher diente er auch noch dem sozialen Ausgleich.

Bewahrtes Brauchtum

Viehscheid in Maierhöfen. Wenn in den ersten drei Septemberwochen das Weidevieh prächtig geschmückt von den Alpen ins Tal getrieben wird, säumen tausende von Besuchern die Straßen.

Es gibt unterschiedliche Deutungen, wann das allgemeine Bauernjahr beginnt. Ist es die Herbstsaat oder die Frühjahrsarbeit? Mit dem Kirchenjahr verhält es sich da schon einfacher, es beginnt am 1. Adventssonntag.

Beide Brauchtumsjahre verbinden sich am 2. Februar, dem Fest Mariä Lichtmess. Für unsere Vorfahren ging die Zeit des rußenden Kienspans und des armseligen Talglichts bald ihrem Ende entgegen. Deshalb stand und steht auch heute noch an diesem Marienfest das Licht im Mittelpunkt. Das Tageslicht und jenes, von dem der greise Simeon im Tempel sprach.

Beide Lichter versinnbildlicht die Kerze und der Wachsstock. (Der Wachsstock hat in der Regel ein Gewicht von einem Viertel Pfund. Sein sogenannter »Draht« ist sechs Millimeter dick und hat eine Länge von drei Meter.) 25 Pfund Wachsstöcke musste einst eine junge Bäuerin mit in die Ehe bringen, denn Wachsstöcke dienten dem Schutz gegen alles Böse. Sie halfen bei Krankheiten und wurden auch in den Gerichtssaal bei Verhandlungen mitgenommen.

Auch hatte jede Wachsstockfarbe ihre Zuständigkeit. Der rote Wachsstock konnte durch seine Farbe das Böse bannen. Doch seine meiste Kraft erhielt er durch die Weihe an möglichst vielen Lichtmess-Sonntagen.

Die Buchstaben C+M+B (Christus mansionem benedicat), von den Sternsingern mit Kreide an die Tür geschrieben, gelten als gutes Omen. Sie bedeuten »Christus segne dieses Haus«. Und so sind Kaspar, Melchior und Balthasar in jedem Haus willkommen (oben »Drei Könige«, Christertshofen).
Die Verehrung der Reiter beim Leonhardiritt in Weißenhorn, Landkreis Neu-Ulm, gilt St. Leonhard, dem Nothelfer für alle Probleme und Leiden (unten).
Eselstreiben in Attenhofen: ein Fasnachtsbrauch, bei dem ein schwarz befrackter Fuhrmann eine von langen Haferstrohbündeln vermummte Gestalt, den Esel, vor sich hertreibt (rechts). Fotos: Designbüro Bauer & Partner, Neu-Ulm.

So ein Lichtmess-Sonntag wurde auch durch eine Kerbe an seiner Unterseite vermerkt. Mit ihm konnte auch das Glück über Generationen weitergegeben werden. Ein Stückchen von ihm wurde sogar an den rechten Arm des Hauskreuzes gehängt.

Der gelbe Wachsstock war fürs Getreide zuständig. Der rosafarbene half den Erstgebärenden. Den weißen Wachsstock gebrauchte man für den Sterberosenkranz. Der grüne diente einer reichlichen Obsternte und der blaue half für eine gesunde Wiederkehr. Heute ist er besonders für die Autofahrer zuständig.

Lichtmess war auch das Fest für den Dienstbotenwechsel. Der Spruch: »Besser die armseligste Heimat als der beste Dienst« hat auch heute noch seine Gültigkeit.

Wie Lichtmess, so gehört auch der Blasius-Tag (3. Februar) mit seinen gekreuzten Kerzen dem Licht. Ein besonderer Licht-Tag ist der 5. Februar. Er ist der Feuerheiligen Agatha geweiht. Früher wurden auch an diesem Tag Kerzen geweiht. In manchen katholischen Pfarreien werden auch heute noch die sogenannten Agatha-Brote gebacken und im Gotteshaus gesegnet. Der Agatha-Segen, ein Zettel mit einem lateinischen Segensspruch, wurde bis in die Zeit zwischen den Weltkriegen als Schutz an die Haus- und Stalltüren geklebt. Eine besondere Segenskraft erhielt dieser Spruch, wenn er am Haupt der Hl. Agatha in der Münchener Residenzkapelle anberührt wurde. Im Zisterzienserinnen-Kloster Oberschönenfeld wurde er an diesem Tag an allen Türen der Heizungsnischen befestigt. Aus einem längeren, wohl verstümmelten lateinischen Text, der mit drei Kreuzchen versehen war, lautete er in einer freien Übersetzung: »Heilige Gesinnung und aus innerem Antrieb Verehrung Gott gegenüber. Und dem Vaterland Befreiung vom Lava-Feuer erbitte uns fromme Agatha.«

Weniger lichtbetont und vielschichtig geht es bei der schwäbischen Fasnacht zu. Hier wird durch die Verkleidung der boshafte, aber dumme Geist geschreckt, denn seine Dummheit lässt ihn vermuten, dass hinter so mancher Maske auch ein echter Geist stecken könnte. »Sicher ist sicher«, soll er denken und das Weite suchen. Neben den vielgestaltigen schwäbschen Fasnachtsfiguren tut sich vor allem die sogenannte »Hexe« hervor. In Lauingen hat sich ihre alte Ausformung am besten erhalten. Sie, die landläufig den Winter verkörpern muss, streicht mit ihrem Besen nur vorsichtig über die Rücken. Eine alte Form der Fruchtbarmachung. Einst wohl ihre ursprüngliche Aufgabe.

Eher ein entgegengesetztes Ziel verfolgen die sogenannten Funkenfeuer am Sonntag nach dem Ascher-

mittwoch. Da soll der Winter in Form einer hexenähnlichen Strohpuppe verbrannt werden, denn das ausgedroschene Stroh steht nach der Volksmeinung für Winter. Auch Buchenholzscheiben, die brennend über den Hang heruntergeschleudert werden, erinnern an das steigende Sonnenrad.

Die Fasttage, die der Schwabe, nach einem alten Spruch, lieber in die Fastennächte verlegen würde, enden in jener heiligen Karwoche, die am Palmsonntag beginnt. Der Sinn dieses Tages findet in der feierlichen Palmprozession seinen sichtbaren Höhepunkt. Neben den verzierten hölzernen Palmeseln sind es vor allem die verschiedenen Palmboschen, die vom Ries bis zum Allgäu ihre festliche Vielfalt zeigen. Doch Palmstäbe mit Kunststoffeiern waren in Schwaben nie üblich.

Dem Karfreitag, mit seinen heiligen Gräbern aus fast drei Jahrhunderten, folgt die Osternacht mit dem Osterfeuer, dem Osterwasser und jenem Korb mit den gesegneten Speisen. Neben dem Osterfladen und einem Stück Schinken gehört für jedes Familienmitglied auch ein rotes Osterei dazu, das an Christi Leiden erinnern soll. Wo die bunten Ostereier herstammen, ist bekannt. Doch nach einem alten Herkommen legt sie der Osterhase. Allerdings werden in Schwaben diese Eier nie gesucht. Sie liegen vielmehr in dem von den Kindern aus Weidenruten und Moos hergerichteten »Hasennest«. Meist wird vom Ries bis zum Allgäu diesem Osterhasen gepfiffen, oder wie im nordschwäbischen Zusamtal auch geschrieen: »Has, Has Langoahr, leg' mir voar!« Oder etwas kräftiger: »Has, Has leg, oder du griagsch Schläg!«

Der schwäbische Maibaum ist ein Stück junges Leben nach einer geisterhaften Freinacht, das vom Wald in den bewohnten Ort geholt wird. In der Regel war es eine Birke, denn bis etwa 1870 gab es in den größten Teilen Schwabens keine Fichten. Die bairische Art, ein immerwährender Maibaum, sollte in Schwaben nicht nachgeahmt werden.

Pfingsten ist aus der Brauchtumssicht ein armes Fest. Vor allem der Wasservogelbrauch bringt Leben in den weltlichen Pfingstbereich. Durch einen Wettlauf wird die Reihenfolge von fünf Buben ermittelt. Der Sieger trägt die verzierte Birke, der Zweite den Geldbeutel, der Dritte den Schmalzhafen, der Vierte den Eierkorb und der Letzte ist der mit Birken- oder Buchenreis eingebundene Wasservogel, der in den Höfen mit Wasser überschüttet wird. Wohl ein altes Flussopfer, um die Hochwassergeister zu versöhnen.

Spielfreude und Lust am Verkleiden offenbaren sich alle drei Jahre beim Frundsbergfest in Mindelheim. Unrasierte Männer wohin das Auge schaut! Sie bevölkern die Stadt und in Erinnerung an den Landsknechtführer Ritter Georg von Frundsberg (1473–1528) schlüpfen sie bei Festumzügen, historischen Spielen, Altstadtfesten, mittelalterlichen Lagern, Musik- und Tanzveranstaltungen in Renaissancekostüme. Fotos: Frundsberg-Festring.

Das Veits- oder Johannisfeuer, Ende Juni, ist vor allem ein Freudenfeuer, das der Fruchtbarkeit dient. Wer über dieses Feuer springt, wird gereinigt. Oft werden dabei an langen Stangen auch Strohballen entzündet und ins Wasser geworfen. Wohl ein alter Regenzauber.

Der Kräuterboschen am Fest Mariä Himmelfahrt (15. August) soll Segen und Schutz ins Haus bringen. Wer ihn recht binden will, muss 77 Kräuter sammeln.

Am Fest der allgemeinen »Kirchweih« bekam vor allem im Donauland jeder Hausgenosse einen »Datsche« und einen »Kirchweihknopf« (beide aus Hefeteig). Bis in die dreißiger Jahre des 20. Jahrhunderts wurde am Kirchweihmontag auch noch die sogenannte »Sichelhänke« gefeiert. Jede Schnitterin musste sich da vor und nach dem Mittagessen wiegen. Jene, die danach am meisten gewogen hat, war die Siegerin.

An Allerseelen bekommt man auch heute noch vom Taufpaten die »Seelenbreze«. Sie erinnert an ein Totenessen, das materiell gesehen vor allem den Dorfarmen zukam.

Der »Nussmärtel«, ein lärmender Geselle mit einem heiligen Namen, kommt auch heute noch am Vorabend des 11. November in Nordschwaben bis in die Höhe um Gersthofen. Südlich davon kam am Abend zum 6. Dezember der genau so wüste »Klos« als Strafer und als einer der beschenkt. Auch im nordschwäbischen Nussmärtelgebiet kam bis zum Beginn des 20. Jahrhunderts dieser »Klos«, allerdings als ein unsichtbarer Gabenbringer. Als Unsichtbarer verkörpert er wohl die alte Form. Etwa ab dieser Zeit wurde er in Schwaben vom »Christkind« abgelöst. Der Barbarastrauß ersetzte in den nordschwäbischen Juradörfern bis um 1900, mit Zuckerringen und »Springerlein« behängt, den heutigen Christbaum.

Der »Klopferstag«, ursprünglich an allen vier Dezemberdonnerstagen, wurde, um die Bettelei einzuschränken, auf den zweiten Donnerstag im Dezember festgelegt. Bis in die Gegenwart klopfen in manchen Dörfern an diesem Tag die Kinder mit einem Holzhämmerchen nach dem Takt eines Sprüchleins an die Haustüren und bekommen dafür Äpfel, Dörrobst und Geld. Manchmal auch gebackene »Klosa« aus Hefeteig.

Die Krippe gehört zu Schwaben. In der Regel besteht sie aus einem Krippenberg in der Herrgottsecke. Darin stehen »bachene«, aus Ton ausgeschnittene, solche aus Marolin und auch geschnitzte Figuren.

Der Sternsinger-Brauch sollte auch heute noch mehr sein als das Geldsammeln für einen guten Zweck. Früher wurde an allen »Raunächten« (Rauchnächten) das Haus, meist mit Wacholderzweigen, ausgeräuchert. Heute ist nur noch die Räucherung mit Weihrauch an Dreikönig übrig geblieben.

Am Beginn des 21. Jahrhunderts füllen oft Modebräuche, die aus anderen Gegenden hergeholt werden, unsere schwäbische Brauchtumswelt. Doch je schneller sich die Moden ändern, desto wertvoller wird das, was dem schwäbischen Jahr Farbe und Eigenart gegeben hat.

Alois Sailer

Beim ältesten Kinderfest Bayerns, dem »Tänzelfest« in Kaufbeuren, spielen mehr als 1.600 Kinder mit. Bild: Verkehrsverein Kaufbeuren e.V.

Mit Pauken und Trompeten lockt Memmingen jeden Sommer tausende schaulustige Gäste und Einheimische beim Fischertag an. Menschentrauben tummeln sich dann durch die mit Girlanden und blau-weißen Fähnchen in ihr Festtagskleid gehüllte Stadt und von Bachrändern und Fenstern verfolgen die Zuschauer das bunte Treiben in und um die Ach, die hier schlicht »Stadtbach« genannt wird, mit anfeuernden Rufen. Was diese Stadt jeden Sommer feierlich und fröhlich begeht, reicht als alte Tradition bereits ins 16. Jahrhundert zurück. Im Spätmittelalter, als Memmingen mit seinem Handel und Handwerk zur Reichsstadt aufblühte, breiteten sich Weber, Gerber, Seiler und Schmiede entlang der Ach aus, einem Bach, der extra für sie künstlich durch die Stadt umgeleitet wurde. Um den Bach sauber zu halten, wurde er einmal im Jahr abgelassen und gereinigt. Vorher durften die Bachforellen von den Gesellen der verschiedenen Handwerkerzünfte abgefischt werden. Die Fische wurden mit dem Käscher – in Memmingen »Bären« genannt – damals wie heute aus dem Bach geholt. Wenn der Bach dann trockengelegt war konnten die »Schmotzer«, d. h. Bachreiniger die Arbeit beginnen. Mit dem Fischerlied »Schmotz, schmotz, Dreck auf Dreck, ...« steuern die Fischer am Morgen nach dem Weckruf gesammelt den Schrannenplatz an, wo der Oberfischer den Fischerspruch verlauten lässt. Um acht Uhr folgt der Böllerschuss, das Signal für alle Fischer sich in die Fluten zu stürzen und mit viel Geschrei versuchen, die größte Forelle aus dem Bach zu fischen. Wird eine Forelle gefangen, geht die Verantwortung an die Frauen weiter: sie greifen die Beute aus dem Bären und verstauen sie im »Kübele«. An der am Marktplatz aufgestellten Waage wird der größte Fang und damit der Fischerkönig ermittelt.
Bilder: Walter Dautzenberg

Kirchen & Klöster

Schwaben ist durch seine historische Entwicklung seit dem 13. Jahrhundert das Land der politischen Kleinräumigkeiten geworden. Mit Blick auf die geschichtliche Landkarte sprechen wir bis zum Beginn des 19. Jahrhunderts vom historischen Flecklesteppich. Mehr als 150 selbstständige Territorien bestanden am Ende des Alten Reiches. Den Bischöfen von Augsburg war es bereits im Laufe des 8. Jahrhunderts durch zahlreiche Klöster und Pfarreigründungen geglückt, den Einfluss der Diözese zu festigen und auszuweiten. Die vielen berühmten Klöster im schwäbischen Bereich waren darüber hinaus in einem kulturellen und kirchlichen Wettlauf bestrebt, die Seelsorge und ihre Möglichkeiten durch aktive Pfarrer im Gebiet zwischen Lech und Iller zu stärken. In der Reformation und im 30-jährigen Krieg

Mächtig ragen die beiden Augsburger Domtürme in den Himmel. Sie stammen aus romanischer Zeit. Der Westchor dagegen wurde 1229 umgebaut (vorherige Seite). Samson und der Löwe im hölzernen Chorgestühl von 1495 im Augsburger Dom (von links). – Blick vom Taufstein in den lichtdurchfluteten Ostchor von St. Ulrich. Der »Simpertusbogen« hinter der Kanzel bekrönt die Grabkapelle. – Nördliches Seitenschiff von St. Ulrich mit Blick auf die prächtigen Gitter. – Evang.-luth. Pfarrkirche St. Anna in Augsburg. Blick auf die von Jakob Fugger gestiftete Kapelle in der Verlängerung des Mittelschiffs mit der Grabstätte des Stifters und seiner Brüder. – Blick in den Kreuzgang von St. Anna in Augsburg (rechte Seite).

gingen zwar viele Pfarreien und Abteien verloren, die aber durch das starke religiöse und kulturelle Engagement der Kirche in der Barockzeit wieder ausgeglichen werden konnten. 1670 umfasste das Bistum Augsburg 110 Klöster und 1.700 Priester in 866 Pfarreien.

Am Ende des Alten Reiches, als der Reichsdeputationshauptschluss zu Beginn des 19. Jahrhunderts umgesetzt wurde, bildeten das Hochstift Augsburg und die Reichsstifte 57,5 % der Grundfläche, den größten Herrschaftsbezirk in Schwaben. In den geistlichen Territorien wohnte knapp die Hälfte der Einwohnerschaft. 11 von 13 Reichsabteien in Bayern bestanden in Schwaben. Infolge seiner politischen Kleinräumigkeit bestand vor 100 Jahren auch das dichteste Pfarreinetz in Bayern.

Man traute den bayerisch gewordenen Schwaben ihre barocke Lebensfreude und deren kulturelle Sensationen zu. Am Ende des 18. Jahrhunderts war die barocke Spannweite beachtlich. Die Aufklärung brachte sie fruchtbar in die innere kirchliche Erneuerung und bereitete so den geistlichen Boden für die Säkularisation. 17 inner- und außerhalb Schwabens ansässige Reichsstifte, 39 Stifte und Klöster, unzählige weitere Ordensniederlassungen wurden aufgehoben, ein Verlust, der im 19. Jahrhundert zu einer gravierenden künstlerischen, kulturellen und bildungsmäßigen Verarmung der Region führte. Die Eingliederung Schwabens in das Königreich Bayern war zunächst mit fürchterlichen Kulturfolgen verbunden. Sensationell war dennoch bei aller barocker Lebenswirklichkeit, wie viele frühe Zeugnisse des Christentums, vor allem die Verehrung von St. Afra, die hochrangigen Stilrevolutionen der Vergangenheit überstanden haben. Im 11. und 12. Jahrhundert waren die großen Klöster gestiftet worden, meist aus Adelsbesitz. Es entstand eine richtige geistliche Landschaft. Welche religiösen zeitgeistigen schwierigen Auseinandersetzungen hatte Augsburg und Schwaben zu überstehen! Reformation und Gegenreformation wurden in mehreren Städten und vielen Grafschaftsorten in spürbarer Weise vollzogen. Dennoch bleibt es ein historischer und kirchengeschichtlicher Höhepunkt, dass die wichtigste geistliche Auseinandersetzung, die zur schwierigsten Zerreißprobe führte und zugleich den Regenbogen der Zukunftshoffnung erfüllte, 1530 zu der »Confessio Augustana« in Augsburg führte.

Während sich in den schwäbischen Reichsstädten die Reformation nun endgültig durchsetzte, war gerade nach dem Augsburger Religionsfrieden das Nebeneinander mit der abschließenden Parität, der rechtlichen Gleichstellung der Konfessionen, wichtig. Der Ökumene-Auftrag von 1530 bleibt bis in die Gegenwart eine stete Hoffnung und ein Auftrag, auch an die jetzigen Generationen. Darin könnte eine geistliche Gegenwartsspezialität für uns alle, vor allem für die erhoffte Kulturstadt Europas, Augsburg, liegen. Das beste Symbol für die Augsburger Ökumene sind die beiden St.-Ulrich-Kirchen, strahlend die katholische Basilika und im gleichen Gebäudekomplex die evangelische.

Durch die Reformation hat die katholische Kirche 24 Klöster, ca. 230 Pfarreien und 300 Benefizien verloren. Manches konnte in der Gegenreformation zurückgewonnen werden, aber die Reformation gewann Überzeugung.

Zu einer kulturellen Blüte von 1 1/2 Jahrhunderten wird nach dem 30-jährigen Krieg Kirche, Kunst, Malerei und Architektur. Große Klosterkomplexe wurden errichtet mit prächtigen Kirchen: Kempten, Edelstetten, Irsee, Füssen, Ottobeuren. Kein Kloster, keine größere Kirche die sich nicht prächtige Neubauten leisten konnte. Barocke Prachtbauten verbunden mit Heiligenverehrung, Wallfahrt, reiches kulturelles Brauchtum.

Geistliches Zentrum blieb die 1803/04 in ein Lyzeum umgewandelte Universität Dillingen. Die Eingliederung nach Bayern war mit

PETRO & PAULO
M.D
CCII

der Auflösung der einzigen Universität, an der Donau gelegen, verbunden. Erst die jüngste Gegenwart hat mit der Gründung der Universität Augsburg und ihrer theologischen Fakultät dieses Unrecht behoben.

Die reichen Bauten der kirchlichen Institutionen, Kirchen und Klöster machten Schwaben zu einer der fruchtbarsten Kunstlandschaften in Deutschland. Dokumente für die über Jahrhunderte hinweg nicht nur regional, sondern auch überregional beanspruchten Fähigkeiten zahlreicher einheimischer Künstler und Handwerker sind überall zu finden. Weniger überrascht, wie bereits angedeutet, die Dominanz von Barock und Rokoko in der Fülle in Toleranz erhaltener Zeugnisse aus früheren Epochen, die das ansprechende Bild von der künstlerischen Vielfalt und Vielschichtigkeit in dieser Region komplettieren. Hauptverantwortlich für die kulturelle Blüte waren die mehr als 20 verschiedenen Orden: Benediktiner-, Zisterzienser-, Bettel- oder Predigerorden. Die benediktische Initiative brachte allein 17 zum Teil epochale Baukomplexe hervor.

Die Kemptener Stiftskirche St. Lorenz markierte als erste monumentale deutsche Klosteranlage nach dem 30-jährigen Krieg einen Beginn der Entwicklung, die in Ottobeuren hundert Jahre später ihren krönenden Abschluss fand, eine der bedeutendsten Leistungen des 18. Jahrhunderts. In die Klosterlandschaft eingebettet sind die übrigen Sakralbauten. Das Spektrum ist unterschiedlich; vom Zentralbau im Dorfkirchenschema, über die dreischiffige Basilika des hohen Mittelalters wie St. Martin in Kaufbeuren und die spätgotische Hallenkirche wie das evangelische St. Georg in Nördlingen.

Ähnlich facettenreich sind die Ausstattungen mit höchsten Kunstentwürfen. Sie belegen die Fähigkeit der Schwaben zur steten Bereitschaft Gleichzeitigkeit mit Ungleichzeitigem zu erobern. Großartige Beispiele kirchlicher Baukunst sind z. B.: Das Kloster Heilig Kreuz in Donauwörth, die ehemalige Klosteranlage St. Mang, Kloster Oberschönenfeld, die ehemalige Benediktinerabtei Irsee, Wallfahrtskirche Allerheiligen in Jettingen-Scheppach. In Kempten das ehemalige Benediktinerstift und Kirche St. Lorenz, Wallfahrtskirche Maria Steinbach, Stadtpfarrkirche Mariae Himmelfahrt in Lindau, die kath. Pfarrkirche Mariae Himmelfahrt in Obermedlingen, Kloster Roggenburg, die ehemalige Klosteranlage Thierhaupten, die Kapelle St. Bartholomäus in Aichach, das Kloster Maria Königin der Engel in Bad Wörishofen, die schön restaurierte Frauenkirche in Günzburg.

Die Klosterkirche von Irsee (1699–1704), ein Bauwerk des späten Hochbarock mit reicher Dekoration. Wahrzeichen der Kirche ist die in der Form eines Schiffsbugs gestaltete Kanzel (linke Seite). – Klosterkirche Irsee mit der schlicht wirkenden Westfassade (von oben). – Treppenaufgang des vom Bezirk Schwaben instandgesetzten ehemaligen Klostergebäudes Irsee, das heute ein attraktives Bildungs- und Kongresszentrum ist. – Der Festsaal in Irsee (Foto: Andreas Brücklmair) während einer Kunstausstellung der Augsburger Künstler Christofer Kochs und Christoph Dittrich.

Die Säkularisation verminderte die Ausdehnung und verringerte die Zahl der pfarrlichen Gemeinden und ihrer Bauten beträchtlich. Aber auch hier erfolgte durch die Reorganisation im vorigen Jahrhundert ein Neuaufbau von Pfarreien, der bis zum 20. Jahrhundert anhielt. 1950 umfasste die Diözese insgesamt 925 Pfarreien. Zahlreiche weitere wurden als Folge der Nachkriegsentwicklung errichtet. Aufgrund der politischen Kleinräumigkeit und der geschichtlichen Entwicklung ergab sich, dass in Schwaben sehr viele selbstständige kulturelle Zentren auch in kleinen Dörfern und eine äußerst dichte Pfarreistruktur entstanden sind. Dies hebt die Diözese Augsburg und damit Schwaben von den übrigen bayerischen Diözesen ab. In keiner bayerischen Diözese ist die Pfarreidichte so groß wie in Schwaben. Im baulichen Bereich bedeutet dies eine hohe Zahl von Pfarrhöfen, die unter Denkmalschutz stehen, die aber zunehmend für die Diözese ein Finanzproblem darstellen. Dem Denkmalschutz stehen nicht genügend Finanzmittel zur Verfügung, die es erlauben, daraus ein lebendiges Kulturprogramm mit dezentralen Strukturen für die Aufwertung des ländlichen Raumes zu entwickeln. Bedenkt man, dass vor allem in größeren Orten noch Mesner-, Benefiziaten-, Kaplaneihäuser, Pfarr- und Zehentstadel dazukommen, dann wird das Problem erst richtig sichtbar, das sich in seiner heutigen Auswirkung eher zu einem weltlichen Fragenkreis entwickelt, als zu einem kirchlichen. Der seit den 60-iger Jahren zunehmende Priestermangel ließ es kaum zu, die Pfarrhäuser angemessen zu besetzen. Derzeit sind fast die Hälfte der rund 1.020 Pfarreien der Diözese Augsburg unbesetzt. Wegen der Rechtsexistenz der Stiftungen blieben die Pfarreien bestehen. In der Regel muss ein Priester mehrere Pfarreien versorgen. Diesem Dilemma fielen manche, auch denkmalpflegerisch wertvolle Pfarrhöfe großer Baumeister, die nicht mehr kirchlich genutzt wurden, trotz enormer Finanzanstrengungen der Diözese Augsburg zum Opfer. In den letzten 25 Jahren mussten 56 zum Teil bedeutende barocke Pfarrhöfe oder sonstige kirchliche Gebäude abgerissen werden, oft trotz ihrer großen denkmalpflegerischen Bedeutung, ein Verlust, der der Anzahl nach selbst die nach der Säkularisation aufgegebenen übertrifft.

Pfarrhof und Kirche bilden fast immer das bauliche und geistige Zentrum unserer Dörfer, sind Orientierungspunkte von zentraler historischer und kultureller Bedeutung. Mit dem Abriss oder dem Teilabriss dieser Ensembles ist oft genug der Abschied vom historischen Bewusstsein und ein erheblicher dörflicher Identitätsverlust verbunden. Meist sind Kirche und Pfarrhof die einzigen historischen Gebäude, die als Zeugen einer regelmäßig langen Geschichte unserer Dörfer verblieben sind.

Vor 200 Jahren stellte sich das bayerische Schwaben als eine blühende Klosterlandschaft dar. Um so verheerender wirkte sich die Säkularisation von 1802/03 auf staatlich-organisatorischem, wirtschaftlichem und vor allem kulturellem Gebiet aus. Neuere Forschungen lassen dies immer deutlicher erkennen. Das schwäbische Land wurde

Kath. Pfarr- und Prämonstratenserklosterkirche Mariä Himmelfahrt Roggenburg. Der letzte Bau des großen schwäbischen Architekten Simpert Kraemer, ab 1752 (oben und rechte Seite). – Ehemalige Klosterkirche St. Peter und Paul Oberelchingen. Ab 1746 Umbau. Joseph Dossenberger d. J. ist der Baumeister. Die Innenausstattung ist frühklassizistisch. Blick auf Orgelprospekt und reich dekorierte Kanzel (Bilder Mitte). – Kloster Wettenhausen, schlossartige Stiftsanlage, ehemals ein Augustinerchorherrenstift (unten).

Provinz. »Als gleichzeitig noch die großen schwäbischen Reichsstifte und die weit über das Land verstreuten Klöster aufgehoben wurden – ebenfalls Bildungsstätten von nicht abzuschätzendem Einfluss auf das ganze Land, war Schwaben in seinem geistigen Leben geradezu tödlich getroffen.« (Andreas Kraus im Handbuch der bayerischen Geschichte, Bd. III/2.) Schwaben hatte mit der Säkularisation zahlreiche kulturelle Schwerpunkte, Kulturschätze und geistige Zentren verloren. Mit der obendrein gewaltsam durchgeführten Zentralisierung der Kulturbestände trat eine verhängnisvolle Verödung der Provinz ein. Viele Klöster wurden abgebrochen, andere wurden nach einigen Jahrzehnten völlig anderen Staatszwecken zugeführt, wie die wunderschönen Abteien von Niederschönenfeld oder Kaisheim, die heute Justizvollzugsanstalten sind; das Stift St. Mang in Kempten wurde Gerichtsgebäude. Einigen wichtigen schwäbischen Klöstern kam die nach zwei Jahrzehnten von König Ludwig I. durchgeführte teilweise Rückgängigmachung und sein Bemühen um Milderung der Säkularisierungsfolgen zugute. Dadurch kamen die Benediktinerabtei Ottobeuren und die Zisterzienserinnenabtei von Oberschönenfeld wieder zu Blüte. Für einige wenige andere einstens stattliche Reichsprälaturen schlug noch im 19. Jahrhundert das Glück des Neubeginns, wie beispielsweise für Ursberg. Dominikus Ringeisen und die St.-Josefs-Kongregation errichteten dort eine große Behinderteneinrichtung.

Andere weibliche oder männliche neugegründete Ordenskonvente übernahmen gymnasiale Bildungsaufträge, etwa in der ehemaligen Augustinerreichsabtei von Wettenhausen die Dominikanerinnen oder das Benediktinerstift St. Stefan in Augsburg. Eine ganze Reihe großer, einstens architektonisch wie künstlerisch wertvoller Gesamtanlagen verfielen immer mehr. Vor rund 25 Jahren stand die vormals reiche schwäbische Klosterlandschaft

Benediktinerabtei Ottobeuren (Landkreis Unterallgäu). Prachtvolles Innere der Basilika während eines der Konzerte, die zu den Höhepunkten des Museumslebens in der Region gehören (linke Seite). – An der komplizierten Baugeschichte sind bedeutende Baumeister und Künstler beteiligt, bis hin zu Johann Michael Fischer, der den Bau der Klosterkirche zum Abschluss hin prägt (1756). Hier erreicht die süddeutsche Barockarchitektur einen ihrer Höhepunkte (Bild 1 und 2 oben). – Wallfahrtskirche Maria Steinbach (Landkreis Unterallgäu). Erbaut 1746–1754. Eines der besten Beispiele des bayerisch-schwäbischen Rokoko (Bild 3 und 4 oben).

weitgehend verlassen und verödet in einer wirtschaftlich und strukturell aufstrebenden Region. Seither ist jedoch viel geschehen.

Der Restaurierung und zugleich Neu- und Umnutzung ehemaliger schwäbischer Klosteranlagen, die durch die Säkularisation ihres ursprünglichen Zweckes entfremdet worden waren, schenkte der Bezirk Schwaben sein besonderes Augenmerk. Es begann aus Anlass des seinerzeitigen Europäischen Jahres des Denkmalschutzes 1975 mit der ehemaligen Benediktinerreichsabtei Irsee. Sie steht seit 150 Jahren im Eigentum und Dienst des Bezirkes Schwaben und diente bis dahin in immer unzuträglicheren Zuständen als Heil- und Pflegeanstalt für die Psychiatrie. In einem mutigen, fast pionierhaft anmutenden Beschluss legte der Bezirkstag von Schwaben 1974 fest, das Kloster nach den Regeln heutiger Restaurierungskunst in seinem ursprünglichen Barockstil wieder erstehen zu lassen und es anschließend als Schwäbisches Bildungszentrum zu betreiben. Im Bewusstsein seiner Verantwortung gegenüber dem überkommenen kulturellen Erbe konnte der Bezirk Schwaben das Kloster Irsee nicht nur instandsetzen, sondern durch eine neue Nutzung auf lange Sicht hin sichern. Irsee ist heute eine begehrte Stätte für Erwachsenenbildung. Die Restaurierung von Kloster Irsee wurde zum Auftakt und zum Vorbild für weitere Klostersanierungsmaßnahmen. Der Kostenaufwand von seinerzeit rund 20 Mio. DM, zu dem nur verhältnismäßig geringe Staatszuschüsse zu erlangen waren, erscheint heute als gering.

Ähnliche Großtaten erneuernder Denkmalspflege vollzogen sich – nicht zuletzt dank des Bezirks Schwaben – im ehemaligen Kloster Thierhaupten, in Oberschönenfeld, im Kloster Roggenburg, in der früheren Kartause in Buxheim, in Obermedlingen, im Kloster Maria Königin der Engel in Bad Wörishofen, im Kloster Heilig Kreuz Donauwörth, im früheren Kapuzinerkloster in Wemding, beim Antoniterkloster in Memmingen, in Mindelheim, im früheren Damenstift Edelstetten.

Soweit die Klosteranlagen erhalten geblieben sind und den Klostersturm des 19. Jahrhunderts überstanden haben, werden in Schwaben die Folgen der Säkularisation erst heute, nach 200 Jahren, durch neue, wiedergewonnene zukunftsgerichtete Kulturaufgaben abgemildert. Jeder Bezirk hat im kulturellen oder wirtschaftlichen Bereich seine regionaltypischen Besonderheiten. Beim Bezirk Schwaben ist dies ohne Zweifel die Wiederherstellung der ehedem reichen Klosterlandschaft für sinnvolle Zwecke und zukunftsgerechte kulturelle Aufgaben. Insoweit hat sich der Bezirk Schwaben bestimmt nicht unbeachtliche Verdienste erworben. Manchmal stellt sich die Frage, ob wir erst jetzt die verheerende Säkularisationsvergangenheit durch neue geistige Zuordnung der säkularisierten Klöster für überörtliche Zukunftsaufgaben überwunden haben und zwar in dem Sinne, dass auch die vielfach zu Unrecht gerügte Provinz, also das Dorf mit seinen Werten im ländlichen Raum durch die Klosteranlagen Kulturaufgaben besonderer Prägung in der neuen Bildungslandschaft des 21. Jahrhunderts übernehmen wird. Die Zukunft wartet also, das wünscht man der sanierten Klosterlandschaft in Schwaben. Die Bemühungen um die nun revitalisierten ehemaligen Klöster im bayerischen Schwaben sind Marksteine für eine gegenwarts- wie zukunftsbezogene Kulturpolitik des Bezirks Schwaben.

Georg Simnacher

Literatur:
Fassl, Peter, in »Bayerisch Schwaben«, 2. Auflage, Konstanz, 1996, S. 83 ff;
Paula, Georg, »Schwabens reiche Kulturlandschaft«, a. a. O. S. 184 ff oder in »Vergangenheit hat Zukunft«

DIE FUGGER IN SCHWABEN

Vom Webstuhl zur Weltmacht – das ist die Geschichte der Fugger. Das Ansehen der Fugger ist zweifellos mit ihrem wirtschaftlichen, politischen und sozialen Aufstieg ohnegleichen verbunden. Sie begannen als Weber, wurden Kaufleute in Europa und Übersee, Bankier für Kaiser, Könige und selbst Päpste. In Augsburg, der einstigen Schaltzentrale des fuggerschen Handelsimperiums, erinnern heute noch an der Maximilianstraße 36–38 die einstigen Wohn- und Geschäftshäuser, ein gewaltiger Gebäudekomplex mit großen und kleinen Innenhöfen mit italienischem Flair; die prächtige Renaissance-Grablege für Jakob Fugger in der St.-Anna-Kirche und die bis heute in Fuggerschem Privatbesitz befindliche, zu Beginn des 16. Jahrhunderts gestiftete, Fuggerei. Sie ist die älteste Sozialsiedlung der Welt, in der »unverschuldet in Not gekommene« Ehepaare Wohnrecht erhalten. Die Jahresmiete beträgt 0,88 Euro für eine Wohnung.

Aufmerksamkeit verdient auch die Rolle der Fugger als Grundherren. Gezielt erwarben sie Landbesitz, der als krisenfeste Vermögensanlage dienen sollte. Kontinuierlich wurde der Grundbesitz vermehrt, mit größter Sorgfalt verwaltet und wenn irgend möglich als unveräußerlicher Familienbesitz zu erhalten versucht.

Den entscheidenden und bleibenden Grundstock Fuggerschen Territorialbesitzes bilden die durch Jakob Fugger, »dem Reichen«, (1459–1525) aus der Hand König Maximilians »pfandschaftsweise« erworbenen Herrschaften. Für eine Darlehenssumme von insgesamt 50.000 Gulden überschrieb der König am 27. Juli 1507 Grafschaft und Schloss Kirchberg an der Iller sowie die Herrschaften Wullenstetten, Pfaffenhofen, Illerzell, Wiblingen, Weißenhorn, Marstetten und Buch an Jakob Fugger und dessen Erben. Es war ein stattlicher Besitz mit zahlreichen Schlössern, Kirchen, Dörfern, ja sogar der ganzen Stadt Weißenhorn, die neben Ulm das Zentrum der Barchentweberei in Oberdeutschland war. Die Fugger erhielten sämtliche Hoheitsrechte, Lehen, die Gerichtsbarkeit und auch noch die hohe Jagd. Aus dem Kaufmann war über Nacht ein absolutistischer Fürst geworden. Allerdings sah sich Jakob Fugger nach Erwerb der Grafschaft Kirchberg der starken Anfeindung des dortigen begüterten Adels ausgesetzt, der nicht bereit war, den Augsburger Bürger als Lehensherrn anzuerkennen. Jakob Fugger wurde 1511 in den Reichsadelsstand und drei Jahre später in den Reichsgrafenstand erhoben.

Einige der wichtigsten Gütererwerbungen von Jakob Fuggers Nachfolger, seinem Neffen Anton Fugger, waren die Herrschaften Nordendorf und Oberndorf an den großen Durchgangsstraßen gelegen, die von Augsburg und Nürnberg nach Norddeutschland führten. Im August 1536 wurde die Reichspflege der Reichsstadt »Schwäbischwerd«, also Donauwörth, an Anton Fugger gegeben. Damit konnte Anton Fugger dem Kaiser den wichtigsten Donauübergang sichern.

Anton Fugger hatte bereits im April 1527 für 13.200 Gulden die Herrschaft Gablingen nördlich von Augsburg gekauft. Wenig später war das Dorf Mickhausen südwestlich der Reichsstadt hinzugekommen. Nicht erfolgreich waren seine Verhandlungen um den Ankauf der

Jakob Fugger der Reiche, Bildnis von Albrecht Dürer. Foto: Bayerische Staatsgemäldesammlungen. Links: Die von Jakob Fugger 1509 gestiftete Kapelle in der St.-Anna-Kirche in Augsburg, Grablege des Stifters und seiner Brüder Ulrich und Georg Fugger.

bedeutenden Handelsstadt Mindelheim, für die Anton bereit war über 100.000 Gulden auszugeben. Die Bemühungen scheiterten an dem konkurrierenden Interesse des Herzogs und Kurfürsten Maximilian I., der sein bayerisches Land gegen die schwäbischen Reichsstädte selbst zu verstärken suchte.

Als Stammschloss der Fugger gilt Babenhausen, breit hingelagert und malerisch aus dem Tal der Günz aufsteigend. Der »Fürst unter den Kaufleuten«, Anton Fugger (1493–1560), erwarb 1538 von Herzog Ulrich von Württemberg die Lehensherrschaft und von den Rittern von Rechberg 1539 die Herrschaft selbst. Es entstand eine mächtige Schlossanlage. In der Schlosskirche sind Anton und seine Frau Anna Rehlinger begraben.

Unter den Fuggern erlangte die Herrschaft Babenhausen Wohlstand und kulturelle Blüte, bis der 30-jährige Krieg mit Hungersnöten und Pest alle in tiefes Elend stürzte. In den Jahren nach der französischen Revolution stand Babenhausen treu zu Kaiser und Reich, was den Grafen Fugger mit der Verleihung des heute noch geführten Marktwappens honoriert wurde. Am 1. August 1803 wurde Graf Anselm Maria Fugger durch Kaiser Franz II. in den Reichsfürstenstand erhoben und gleichzeitig erfolgte die Erhebung der Herrschaften Babenhausen, Boos und Kettershausen zum Reichsfürstentum Babenhausen. Wenige Jahre später, am 12. Juli 1806, gelangte das Fürstentum Babenhausen an Bayern.

Die Innenhöfe der Fuggerhäuser in Augsburg.

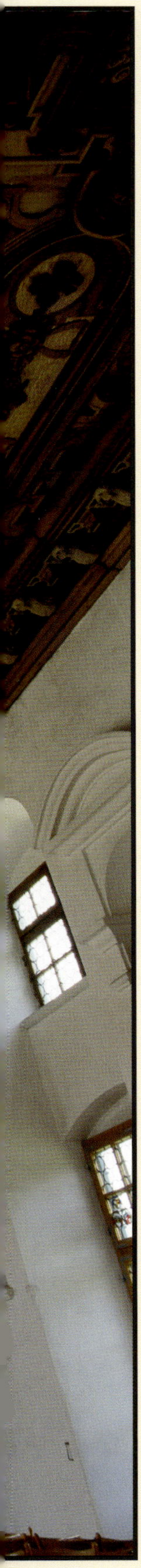

Anton Fugger erwarb 1551 die Herrschaft Kirchheim an der Mindel. Sie fiel nach dessen Tod durch Losentscheid an seinen Sohn Hans Fugger (1531–1598). Dieser erbte somit Kirchheim mit Eppishausen, Mickhausen, Stettenfels, Glött, Schmiechen in Altbayern (dort später auch Türkenfeld und Adelshofen), Dürrlauingen, Winterbach, Hafenhofen. Dazu erwarb er Reinhartshausen, Markt Dirlewang, Tiefenrieth, Dachserg, Pestenacker, Walleshausen sowie weitere kleine Grafschaften. Hans Fugger war mit dem kunstsinnigen Bayernherzog Wilhelm V. befreundet. Man vermittelte sich gegenseitig Künstler wie Friedrich Sustris, Antonio Ponzano und Hubert Gerhard. Im Zeitalter der höfischen Kultur wollten auch die Fugger kultiviert Hofhalten. Und so entsprach die Hofhaltung in Kirchheim an der Mindel derjenigen am Hof in München. Neben der vornehmen und kunstvollen Ausstattung der Fuggerschen Schlösser gehörten dazu noch prächtige Gärten und Lusthäuser. Die Damen zeigten sich in kostbarsten Kleidern, gefertigt aus Stoffen und Pelzen, die aus aller Welt kamen und meist von den Fuggern selbst importiert worden waren. Eine reiche Dienerschar, kostbare Pferde, elegante Jagdgesellschaften und zur Unterhaltung der illustren und hochgestellten Gäste wurde am Hof in Kirchheim ein Hofnarr gehalten. Hans Fugger konnte für die jährliche Hofhaltung 60.000 Gulden ausgeben.

Die Fuggerschen Herrschaften stellten seit dem 17. Jahrhundert den größten Herrschaftskomplex im östlichen Schwaben dar, der je in den Händen einer eingesessenen Familie war. Im Jahr 1658 waren die Fugger Herrscher über 60 Dörfer, ein Städtchen und 43 Ortschaften. Vergegenwärtigt man sich den vorübergehenden Pfandbesitz an der Grafschaft Mering, hält man sich die Bemühungen Antons um die Gewinnung der Markgrafschaft Burgau und sogar des pfalzgräflichen Herzogtums Neuburg a. d. D. vor Augen, so wird doch sehr deutlich, dass durch eine konsequente, kostspielige Liegenschaftspolitik die Errichtung eines lockeren territorial-politischen Verbandes zwischen Iller, Lech, Donau und Bodensee – der südlichste Fuggerbesitz war die Herrschaft Wasserburg – angestrebt wurde. Wie diese Grafschaft einmal tituliert werden sollte – Markgrafentum, Pfalzgrafschaft oder gar Herzogtum Schwaben – das konnte die Zukunft entscheiden. Diese Herrschaftsbildung der Fugger überdauerte die bewegten Zeiten der Mediatisierung und Einverleibung in das Königreich Bayern zu Beginn des 19. Jahrhunderts. Die einstigen Herrschaften setzten sich in die vom Staat anerkannten Herrschafts- und Patrimonialgerichte fort; die Fugger selbst wurden zu Standesherren des neuen Königreiches. So wurde 1913 Carl Ernst Ludwig Fugger von Glött (1859–1940) von König Ludwig III. von Bayern in den bayerischen Fürstenstand erhoben. Über alle Staatsbankrotte und Kriege hinweg konnten die Fugger ihre soziale Stellung als Freiherrn, Grafen und Fürsten wahren.

Besondere Anziehungspunkte in Schwaben sind die Fuggerschen Schlösser Babenhausen und Kirchheim an der Mindel, weil sie besichtigt werden können. Im ältesten Teil des Babenhausener Schlosses, dem einstigen Rechbergschloss, wurde 1955 das Fugger-Museum eröffnet. Beim geführten Rundgang wird die Glanzzeit der Fugger, deren einflussreiche Stellung in Wirtschaft, Politik und Kultur sowie ihre Familiengeschichte ausführlich erläutert. Eine Fülle wertvoller Kunstwerke und historischen Materials zeigen einen Querschnitt

Hans Fugger und seine Frau, das Edelfräulein Elisabeth von Nothafft-Weißenstein (1531–1598). Sie galt als die »schönste Jungfrau in der Hertzogin von Baiern Frauenzimmer«.

Seite 130: Der Zedernsaal im Fuggerschloss in Kirchheim an der Mindel.
Oben links: Das Fuggerschloss in Babenhausen.

durch die Entwicklung der vergangenen 400 Jahre.

Das Fuggerschloss in Kirchheim an der Mindel, auf einer sanften Landzunge über dem Flossachtal gelegen, ist mit seinem über 70 Meter hohen Turm das weithin sichtbare Wahrzeichen von Kirchheim, das das ganze Tal beherrscht. Hans Fugger (1531–1598) ließ ab 1578 unter der Leitung des Augsburger Stadtbaumeisters Jacob Eschey einen gewaltigen Schlosskomplex erstellen. Der Grundgedanke des Baues ist der des Escorial in Spanien, nämlich eine Einheit von Schloss, Kirche und Kloster.

Ein wahres Erlebnis ist der Besuch des sogenannten Zedernsaales im Schloss, eines Festsaales mit 36 m Länge und 12 m Breite. Die Decke mit einer Fläche von knapp 400 m^2 gehört zu den schönsten Renaissancedecken Europas. Dieses Kunstwerk schuf 1585 Wendel Dietrich. Der Zedernsaal strahlt das aus, was viele Fugger im 16. Jahrhundert geworden waren: große Mäzene der bildenden Kunst und Förderer der Musik. Diese Tradition wird heute fortgesetzt durch die Schlossherrin Angela Fürstin Fugger von Glött mit den Sommerkonzerten im Zedernsaal. Das Besondere bei den Fuggern ist eben die Tatsache, dass sie nicht nur ein Handelsimperium von europäisch-weltweiter Bedeutung schufen, sondern zur gleichen Zeit auch eine traditionelle Adelsherrschaft von außergewöhnlicher Größe aufbauten.

Martha Schad

Fuggerei in Augsburg. J. Fugger und seine Brüder schufen 1516 die älteste Sozialsiedlung der Welt.

Die jüdische Synagoge in Augsburg, erbaut 1914–1917. Details des prächtigen Innenraums und der Kuppel im »syrischen Stil«.

Jüdische Spuren in Schwaben

Jüdische Spuren in Schwaben? Man sieht sie nicht auf den ersten Blick. Manchem fallen sie ein Leben lang nicht auf. Die Friedhöfe liegen meist abseits, sind von einer Mauer umgeben und abgesperrt. Synagogen erkennt man oft nur, wenn man etwas von ihnen weiß. Aber sie sind da, wenn auch oft heute anders genutzt, zu Wohnhäusern umgebaut, als Schulen oder Geschäftshäuser benutzt. Ein Gang zu den jüdischen Spuren ist auch ein Gang durch die Geschichte. Wie war das mit den Juden? Wie lange Juden schon in dem Gebiet des heutigen Deutschland leben, ist nicht bekannt. Vielleicht kamen sie schon mit den Römern. In Augsburg jedenfalls ist der erste Jude, Josef von Augsburg, im Jahr 1212 erwähnt. Bald scheint eine jüdische Gemeinde entstanden zu sein mit Synagoge, Badehaus, Rabbinatsgericht, Lehrhaus und Tanzhaus. Namen verraten heute noch etwas davon: Der Judenberg weist auf die ehemaligen Bewohner hin, und das heutige Rabenbad war einmal das Rabbibad.

Wie in Augsburg lebten auch in anderen Städten, vor allem in freien Reichsstädten, Juden: etwa in Donauwörth, Nördlingen und Memmingen. So unterstanden sie direkt dem Kaiser. Er stellte ihnen – gegen eine hohe Gebühr – Schutzbriefe aus. Da sie von den Zünften ausgeschlossen waren, blieb ihnen nur der Geldhandel, ein Beruf, der ihnen viele Feinde machte. Wer liebt schon seine Gläubiger? Immer wieder fand man Gründe sich der Juden und damit der lästigen Gläubiger zu entledigen. Man beschuldigte sie der Hostienschändung oder machte sie für die Pest verantwortlich, waren sie doch durch ihre strengen Reinigungsvorschriften gegen die Krankheit weniger anfällig als die anderen Bürger. So wurden etwa in Augsburg im Pestjahr 1348 100 von 120 Juden erschlagen. Da half kein königliches Schutzsiegel und kein kaiserlicher Schutzbrief. In anderen Städten war es nicht besser. So heißt es z. B. von Nördlingen: »Item die Juden hat man zu Nördlingen erschlagen am Santa Martha Tag 1348«. Schließlich wurden fast überall die Juden aus den Städten ausgewiesen. Von 1438 bis 1803 war es keinem Juden erlaubt in Augsburg zu wohnen. 1518 wies Donauwörth seine Juden aus, 1599 gewährte Kaiser Ferdinand der Stadt Memmingen Judenfrei-

Beschneidungsbuch

heit. Auch Günzburg durfte seine Juden »ausschaffen«.

Was nun an Bedeutung gewinnt und sichtbare Spuren hinterlassen hat, ist das Landjudentum. Damals gab es ja kein durchgehendes Staatsgebiet. Pfersee, Hürben, Binswangen, Fischach gehörten zur Markgrafschaft Burgau. Oettingen gehörte dem Fürsten zu Oettingen. Andere Ortschaften gehörten zum Hochstift Augsburg. Hier durften sich Juden ansiedeln, brachten sie doch gutes Geld in die Kassen. Manchmal war fast die Hälfte der Einwohner jüdisch. Kriegshaber, heute ein Stadtteil Augsburgs, gehörte zu Vorderösterreich und Juden sind dort seit 1569 belegt. Die Synagoge in der Ulmer Straße ist sehr gut erhalten, steht aber leer und harrt einer neuen sinnvollen Verwendung. Der Davidstern über der Tür macht sie gut kenntlich. Die angrenzenden Häuser, meist Ladengeschäfte, waren alle in jüdischem Besitz und man erzählt, dass sie durch einen Gang mit der Synagoge verbunden waren, damit ihre Bewohner in Krisenzeiten die Synagoge aufsuchen konnten, ohne die Straße zu betreten.

Noch heute weist der Name »Am Judenhof« mitten in Fischach auf die Juden hin, die hier einmal gelebt haben. Die ehemalige Synagoge, heute ein Wohnhaus, das liebevoll und behutsam renoviert wurde, wo noch die Nische für den Thoraschrein sichtbar ist, liegt in unmittelbarer Nähe der katholischen Kirche. Die Fischacher Juden trugen viel zur Entwicklung der Gemeinde bei. In den Vereinen, in der Freiwilligen Feuerwehr waren sie selbstverständliche Mitglieder, und eine Gedenktafel auf dem jüdischen Friedhof erinnert an die Männer, die im Ersten Weltkrieg gefallen sind. Als Juden wieder in die Städte ziehen durften, wanderten auch hier wie überall in den kleinen Ortschaften die Juden allmählich ab. Die letzten wurden 1942 deportiert. An sie erinnert seit einigen Jahren eine Gedenkstätte.

Drei jüdische Landsynagogen wurden in den letzten Jahren vorbildlich renoviert: Ichenhausen, Binswangen und Hainsfarth. Trifft man zufällig auf sie, so ist man verblüfft. Am wenigsten vielleicht in Ichenhausen, denn die prächtige Synagoge, die Joseph Dossenberger zugeschrieben wird, passt sich gut ins Ortsbild ein. Hätte sie einen Turm, man könnte sie für eine Kirche halten. Zum Glück wurde sie in der Reichspogromnacht nicht zerstört, da es gefährlich für die Nachbarhäuser gewesen wäre, sie in Brand zu stecken. So blieb wenigstens das Gebäude stehen, das Innere wurde demoliert. Als in den 80-er Jahren der damalige Bürgermeister Moritz Schmid die Synagoge, die inzwischen als Feuerwehrhaus diente, renovieren wollte, stieß er auf großen Widerstand, aber er und Bezirkstagspräsident Georg Simnacher gaben nicht auf. Heute erstrahlt sie in neuem Glanz. Der Sternenhimmel an der Decke erinnert an Gottes Verheißung an Abraham, seinen Samen so zahlreich zu machen wie die Sterne am Himmel. Die Frauenempore ist erhalten, neue prächtige Fenster wurden eingebaut. Was fehlt, sind die Juden. So dient die Synagoge auch heute nicht mehr dem Gottesdienst. Der Thoraschrein ist nur aufgemalt, ein Ewiges Licht brennt nicht mehr. Im oberen Stock gibt aber eine Dauerausstellung mit vielen Bildern, Dokumenten und sogar mit den Resten des Thoraschreins einen guten Eindruck von dem, was einmal war. Bedeutend war der Fund, den man auf dem Dachboden machte: Kultgegenstände, religiöse Bücher und dergleichen werden bei Juden nicht weggeworfen. Man bewahrte sie in Verstecken, den sogenannten Genisot auf. Auch 70 Thorawimpel fand man hier. Was das ist? Mit zehn Tagen wird ein jüdischer Knabe beschnitten. Die Windel, in die er bei diesem besonderen Fest gewickelt war, wurde hernach in Streifen geschnitten. Aneinandergenäht ergaben sie ein langes Band, das von den Müttern sorgfältig und kunstvoll bestickt wurde mit Motiven aus dem religiösen Leben: Beschneidung, Bar Mizwa, Hochzeit. Dann brachte man das Band zur Synagoge und es wurde die Thorarolle damit zusammengebunden. Diesen Brauch findet man nur in Schwaben, Franken und im Elsass. Im Jüdischen Kulturmuseum in der Synagoge in Augsburg sind solche Thorawimpel zu sehen.

Ichenhausen hatte eine große und bedeutende jüdische Gemeinde, deren Anfänge bis auf das Jahr 1559 zurückgehen. Um die Mitte des 19. Jh. war sie mit ihren 1.100 jüdischen Bürgern nach Fürth sogar die zweitgrößte in Bayern. Einmal fragte mich ein junges Mädchen: »Stimmt es, dass alle Juden reich sind?« Das hätten ihr ihre Eltern glaubwürdig erzählt. O nein, ganz bestimmt nicht. Die Abgaben waren hoch und, so schreibt der jüdische Hauptlehrer Jakob Blum, »so ein Ichenhauser Schutzjude hatte zu springen und zu rennen, bis er allein so viel verdient hatte, dass er mit den Abgaben nicht im Rückstand blieb und dadurch des Schutzes verlustig ging«. Jüdische Vereine für Krankenfürsorge, für die Verteilung von Brennholz oder die Wohlfahrtsstelle deuten darauf hin, dass es viele bedürftige Menschen gab. Dazu kam, dass die Zahl der jüdischen Haushalte streng begrenzt war, ein neuer Hausstand durfte erst gegründet werden, wenn durch Tod eine Matrikel frei wurde. Wer keine Ansiedlungsgenehmigung bekam, musste wohnsitzlos herumziehen. Betteljuden zogen von Gemeinde zu Gemeinde, wurden von ihren Glaubensgenossen aufgenommen und versorgt, mussten aber nach drei Tagen weiterziehen. Viele wagten den Sprung nach Amerika

Thora-Schild, Thora-Krone und Thora-Mantel, Jüdisches Kulturmuseum Augsburg-Schwaben.

Landsynagoge in Ichenhausen

und brachten es dort im Land der unbegrenzten Möglichkeiten durch Fleiß und Unternehmergeist zu Geld und Ansehen. Ein berühmtes Beispiel dafür ist der in Buttenheim in Franken geborene Levi Strauss, der Erfinder der Jeans, oder Michael Riess, der seine Heimatgemeinde Wallerstein reich bedachte, sie immer wieder besuchte und bei so einem Besuch starb. Sein Grab ist auf dem Friedhof von Wallerstein zu finden.

Wer in Binswangen mitten unter den schwäbischen Bauernhäusern plötzlich vor der Synagoge steht, ist höchst verwundert. Hufeisenförmige Fenster und Eingangsportale, ein gotischer Treppengiebel, der gekrönt wird von den beiden Gesetzestafeln und einer ehernen Schlange. Betritt man den Synagogenraum, so erstaunen die in kräftigem Rot und Blau gehaltene Ornamentik ebenso wie die Palmenkapitelle der Säulen. Wie passt dieses stattliche, orientalisch anmutende Gebäude in ein Bauerndorf? Haben sich die Juden mit so einem fremdartigen Gotteshaus nicht selbst ausgeschlossen aus der Dorfgemeinschaft? Der Baustil war freilich nicht selbst gewählt. Zwar war »orientalisch« modern, aber das war nicht der Grund. König Ludwig I. von Bayern hatte bestimmte Charakteristika festgelegt, nach denen man gleich auf den ersten Blick erkennen sollte, ob es sich um Schule, Kirche, Rathaus oder Synagoge handelte. Den Synagogen wies er den neomaurischen Baustil zu. So kamen die Binswanger Juden zu diesem exotischen Gotteshaus.

In der Reichspogromnacht zwangen SA-Leute einen Binswanger Bürger, das Tor der Synagoge aufzubrechen. Dann schlugen sie die Inneneinrichtung kurz und klein. Von da an diente die Synagoge allen möglichen Zwecken. Die Säulen wurden 1967 herausgerissen und standen eines Tages zum Verkauf. Da griff Josef Reißler ein und rettete mit Hilfe des Denkmalamtes die kostbaren Säulen. Er war es auch, der als Bürgermeister den Dillinger Landrat Dietrich dazu bewegen konnte, die Synagoge zu renovieren.

Links: Landsynagoge im maurischen Stil in Binswangen.
Rechts: Landsynagoge in Hainsfarth bei Oettingen.

Die dritte renovierte Landsynagoge Schwabens steht in Hainsfarth bei Oettingen. Zwar ist sie durch ihre Lage – praktisch im »Hinterhof« ziemlich am Ortsende von Hainsfarth – nicht so auffällig, aber auch sie ist ein prächtiges Gebäude im neomaurischen Baustil, deren Inneres durch kräftige Farben auffällt. Die Thoranische wurde nicht wie in den beiden anderen Synagogen verputzt und bemalt. Hier – und nur hier – ließ man die rohen Ziegelsteine stehen. Wie eine offene Wunde sollen sie an das erinnern, was geschehen ist. Die Inschrift über dem Eingangsportal sagt in goldenen hebräischen Lettern mit den Worten von Psalm 100: Geht ein zu Seinen Toren mit Dank, in Seine Vorhöfe mit Lobgesang! Danket Ihm, preiset Seinen Namen. Darunter in hebräischen Zahlen die Jahreszahl der Erbauung nach jüdischer Zählung: Im Jahr 5620 seit Erschaffung der Welt. Das Jahr der Renovierung ist in arabischen Ziffern angegeben: 1996.

Auch in Hainsfarth rief die Renovierung der Synagoge zum Teil erbitterten Widerstand hervor. Bürgermeister Engelhardt bekam manche Vorwürfe und sogar Morddrohungen zu hören. Und auch heute wird die Synagoge mehr von Fremden als von den Einheimischen geschätzt. »Do gehn mir Hoasfarther net hi« sagte mir einmal ein Einheimischer, als ich dort ein Konzert besuchte. Synagogengebäude stehen auch noch an anderen Orten, sie dienen aber inzwischen anderen Zwecken. In Oettingen ist an dem Wohnhaus, das einmal die Synagoge war, immer noch das Fenster mit dem Davidsstern zu sehen, in Buttenwiesen dient die Synagoge heute als Schulhaus. In Mönchsdeggingen ist die ehemalige Mikwe noch gut erhalten, sie dient heute als Museum. Die Harburger Synagoge, im Jahr 1754 erbaut, steht mitten im Ort am Wörnitzufer. Die Mikwe, das jüdische Tauchbad, wurde also vom Wörnitzwasser gespeist. Trotz einer privaten Initiative konnte das Haus nicht einem kulturellen Zweck zugeführt werden, sondern wurde an Privatpersonen verkauft. Schule und ein eigenes Rabbinat weisen auf eine große jüdische Gemeinde hin. Der Friedhof am Hühnerberg in der Nähe der Burg ist der schönste jüdische Friedhof, den ich kenne. Die kunstvoll gestalteten Grabsteine enthalten liebevolle Beschreibungen der Verstorbenen. Die langen Texte in hebräischer Sprache – nur der Name ist manchmal auch in lateinischer Schrift zu lesen – haben oft die Form eines Akrostichons, das heißt, die Anfangsbuchstaben der Zeilen ergeben hintereinander gelesen wieder ein Wort, meist den Namen des Verstorbenen. Nie fehlt der Segensspruch: Möge seine/ihre Seele eingebunden sein in den Bund des Lebens. Viele Grabsteine enthalten auch besondere Zeichen, die auf die Ämter der Verstorbenen hinweisen: Segnende Hände erzählen, dass der Verstorbene den Kohanim angehörte, also der priesterlichen Kaste.

Jüdischer Friedhof in Steinhart bei Oettingen.

Eine Kanne weist auf einen Leviten hin, dem es einst oblag, die Priesterwaschung im Tempel vorzunehmen. Ein Messer steht für den Beschneider, ein Buch ist symbolisch für den Inhaber des Thora-Lehramtes. Für andere Zeichen, wie z. B. einen Halbmond, wurde noch keine schlüssige Deutung gefunden.

Enden soll unser Spaziergang wieder in Augsburg, wo er seinen Ausgang nahm. Hier steht die einzige noch für Gottesdienste genutzte Synagoge Schwabens in der Halderstraße. Sie wurde 1914 bis 1917 von den Architekten Heinrich Lömpel und Fritz Landauer erbaut, als die alte Synagoge zu klein wurde. Bei der Einweihung des prächtigen Jugendstilbaues mit einer 29 m hohen Kuppel sagte der damalige Bürgermeister »ewigen Schutz« zu. Er währte bis zur Reichspogromnacht am 9. November 1938. Da wurde die Inneneinrichtung total zerstört. In Brand zu stecken wagte man den Bau nicht, war doch, so erzählt man, in der Nähe ein Benzinlager. Fortan verkam das Gebäude. Inzwischen ist die Synagoge wiedererstanden. 1985 konnte die Renovierung dank des Einsatzes von Senator Julius Spokojny abgeschlossen werden.

So eine Synagoge hat viel zu erzählen, über den jüdischen Glauben und auch über die Gemeinde, die darin ihre Gottesdienste feiert. »Wisse, vor wem du stehst«, mahnt eine Inschrift in hebräischen Buchstaben an der Stirnseite, und das Ewige Licht versinnbildlicht die Gegenwart Gottes. Zum Thoraschrein an der Ostwand, der mit einem kostbaren Vorhang bedeckt ist, steigt man mehrere Stufen empor. Einen Altar gibt es nicht in einer Synagoge, sie ist ja nicht der Tempel. Es gibt keinen Hohepriester und keinen Opferdienst. Vom Tempel in Jerusalem ist nach der Zerstörung durch die Römer im Jahr 70 nichts geblieben. Und doch wussten die Menschen, die in alle Welt zerstreut wurden: »Unser Gott geht mit«, er ist nicht an einen Tempel gebunden. Das Wichtigste ist ihnen geblieben, gleichsam eine »Heimat zum Mitnehmen«: Die Thora. In ihr ist geschrieben von der Erwählung des Volkes Israel, der Verheißung an Abraham und der Errettung aus Ägyptens Knechtschaft. Sie enthält die Weisungen, die Gott den Juden am Sinai gegeben hat, damit ihr Leben in Freiheit gelingen kann. Noch heute wird die Thora – die fünf Bücher Mose – für den Gottesdienstgebrauch mit der Hand auf einen langen Pergamentstreifen aufgeschrieben und auf zwei Stäbe aufgewickelt. Heilig ist die Thorarolle, denn es steht ja der Name Gottes darin. Und da sie das einzige ist, was vom Tempeldienst übrig blieb, wird sie liebevoll geschmückt: Mit einem prächtigen Samtmantel, denn auch der Hohepriester trug ein prächtiges Gewand. An seinem Saum waren stilisierte Glöckchen und Granatäpfel befestigt, und so werden noch immer silberne Kugeln und Glöckchen auf die Stäbe der Thorarolle gesteckt. Der Hohepriester trug ein Brustschild mit 12 Edelsteinen für die zwölf Stämme Israel. Auch der Thorarolle wird ein Schild umgehängt, oft kunstvoll in Silber getrieben. Zum Gottesdienst wird die Thorarolle feierlich aus dem Schrein geholt, auf den dafür vorgesehenen Tisch gelegt, und es ist eine große Ehre, zur Thoralesung aufgerufen zu werden. An Simchat Thora, dem Fest der Freude an der Thora, werden die Rollen in einer festlichen Prozession durch die Synagoge getragen. Denn »ein Baum des Lebens« ist sie allen, die daran glauben. Solch schön geschmückte Thorarollen, rituelle Gegenstände für die Feste, Pesachteller, Chanukkaleuchter, Sabbatlichter, Schriftrollen, Thorawimpel und vieles mehr kann man im der Synagoge angegliederten Museum finden.

Die Gemeinde ist immer wieder Wandlungen unterworfen. Die ursprüngliche Ausstattung zeigt deutlich, dass die Gemeinde liberal war: Die Bima, der erhöhte Platz, von dem aus die Thora gelesen wird, ist nicht wie in orthodoxen Synagogen in der Mitte des Raumes, sondern an der Stirnseite und erinnert damit fast an eine Kirche. Über dem Thoraschrein stand früher eine Orgel. Sie wurde an eine Kirchengemeinde am Ammersee verkauft. Als diese die Orgel nach der Renovierung der Synagoge zurückgeben wollte, lehnte die inzwischen eher orthodox geprägte Gemeinde ab. Aus Trauer über die Zerstörung des Tempels sind Musikinstrumente in der Synagoge nicht erlaubt. In den letzten Jahren hat die Gemeinde, die zahlenmäßig verschwindend klein geworden war, eine neue Wandlung erfahren: Juden aus der ehemaligen Sowjetunion kamen als Kontingentflüchtlinge nach Deutschland, viele auch nach Augsburg. Durch ihre Geschichte waren sie dem Glauben entfremdet. Aber viele kommen zur Synagoge, lernen, was jüdisches Leben ist. Es gibt wieder Beschneidungen und Hochzeiten werden unter dem Traubaldachin gehalten. Jüdisches Leben blüht wieder auf. Mazel tow, viel Glück!

Gertrud Kellermann

Schwäbische Köpfe

Schwaben, behauptet der Volksmund, hätten in erster Linie einen harten Kopf, womit zwar hintergründig aber unwidersprochen gemeint ist, dass es sich bei diesem zwischen Alpenrand und Ries auf der einen und zwischen Iller und Lech auf der anderen Seite ansässigen Menschenschlag um eine Spezies von ausgeprägter Sturheit, ja man kann sagen Starrköpfigkeit handelt. Freilich beweist die Geschichte von grauer Vorzeit bis zum heutigen Tag, dass der Schwabe seinen Kopf – unter Ureinwohnern nennt man diesen viel zutreffender einen »Grind« (das ist die Steigerungsform des Dickschädels) – nicht nur zur Durchsetzung seiner Eigenwilligkeiten einsetzt, sondern durchaus auch zum Wohle und Segen der übrigen Menschheit. Sobald nämlich der Homo suevus sich einmal ernsthaft »verkopft«, wie man hierzulande angestrengtes Nachdenken bezeichnet, kommt allemal etwas Gescheites und Vernünftiges heraus. Nicht umsonst nennt man die Schwaben in der in der Region so beliebten Form der Verniedlichung »Mächeler«, »Tüftler« und »Bäschtler«, was nichts anderes heißt, als dass es sich bei ihnen um ausgemachte »Machertypen«, begabte Konstrukteure, Forscher, Tüftler, Entdecker, Wissenschaftler und begnadete Künstler handelt.

Eine weitere herausragende Begabung der Schwaben ist der äußerst kontrollierte Umgang mit Geld. Anderswo würde man diese Art der Sparsamkeit ungeniert mit dem Wort Geiz charakterisieren. In Augsburg und um die schwäbische Metropole herum ist diese Eigenschaft, die gepaart mit enormem Fleiß und entsprechender Geschäftstüchtigkeit durchaus zu einer beachtlichen Anhäufung von materiellen Werten führen kann, auf dem Land bis heute eher unter dem Begriff »Interessiertheit« oder »Hausigkeit« bekannt, wobei Letzteres, was nahe liegt, tunlichst nicht mit der ebenfalls gern gepflegten »Häuslichkeit« verwechselt werden sollte. »Hausig« sein bedeutet dem Schwaben insofern sehr viel, weil der Begriff »aushausig« für nichts anderes als die Verschwendungssucht steht.

Einen der ersten bekannt gewordenen schwäbischen »Köpfe« aufgesetzt zu bekommen, verdient, wie könnte es anders sein, eine Frau. Die **Bistums-Heilige Afra**, der Legende nach eine stadtbekannte Dirne, soll im dritten Jahrhundert lieber den Feuertod gestorben sein, als ihren christlichen Glauben zu verleugnen – ein überzeugendes

Basilikatafel »San Paolo fuori le mura« mit Szenen aus dem Leben des Hl. Paulus. Staatsgalerie Augsburg, Leihgabe der Bayerischen Staatsgemäldesammlungen (links). Foto: Joachim Blauel, Artothek, Peißenberg

Beispiel von geradliniger Gesinnung, wie man schwäbische Dickschädeligkeit in diesem besonderen Fall auch interpretieren könnte.

Ein paar hundert Jahre später verkörpert **Bischof Ulrich** (890–973) die Frömmigkeit der Schwaben auf eindrucksvolle Weise. Er gilt als eine der bedeutendsten Persönlichkeiten seiner Zeit. Der Name des heutigen Bistums-Patrons ist untrennbar mit der Schlacht auf dem Lechfeld 955 gegen die Ungarn verbunden. Viel mehr als seine gelegentlich geradezu überschwänglich gepriesenen militärischen Qualitäten, die seiner Mentalität eher nicht entsprochen haben dürften, zählten seine Güte und Bescheidenheit, seine Offenheit den einfachen Menschen gegenüber, seine soziale Einstellung und seine Vorbildfunktion als Mensch. Eigenschaften, die ihn zu einer verehrungswürdigen Persönlichkeit schon zu Lebzeiten gemacht haben.

In Füssen finden wir die Grabstätte eines Heiligen, den sie den »Apostel des Allgäus« nennen. **Sankt Magnus**, der von 699 bis 772 lebte, ist genau genommen gar kein »schwäbischer Kopf«, weil er aus St. Gallen stammt. Er ist aber für die Christianisierung der Menschen am Alpenrand verantwortlich und wurde von denen sozusagen »okkupiert«, schon weil er sie »katholisch gemacht« hat, wie die Bekehrung von Heiden zum Christentum landläufig genannt wird. Die Allgäuer verehren ihren **Sankt Mang** bis heute als Schutzheiligen und betrachten die Stelle seines vermeintlichen Fußabdrucks über der Füssener Lechschlucht, an der er mit einem kühnen Sprung seinen heidnischen Verfolgern entwischt sein soll, als »heilige Stätte«.

Ein Namensvetter des Allgäuer Missionars, der aus Lauingen stammende **Albertus Magnus** (1193–1280), Philosoph, Theologe, Naturwissenschaftler, Jurist, darf als der große Lehrer des Abendlandes getrost *das* »Aushängeschild« der schwäbischen Köpfe aller Zeiten bezeichnet werden. Der Lehrer, Entdecker und Förderer des Thomas von Aquin, Professor, Universalgenie und Ordensmann war dem Denken seiner Zeit Jahrhunderte voraus. Was er in fünfzig Bänden als die Lehren des Mittelalters zusammengetragen hat, war nicht nur eine Bestandsaufnahme, sondern der Beginn eines neuen Zeitalters. »Seine lateinische Sprache ist nur der dünne Schleier, unter dem sich Verstand und Gemüt eines Schwaben aus Kernholz regen«, hat fast 800 Jahre später ein anderer großer Schwabe über ihn geschrieben, der 1881 in Ursberg geboreneTheologe, Philosoph und Schriftsteller Joseph Bernhart, dem Thomas Mann einmal bewundernd bekannte, »einer solchen Kraft und geschulten Sicherheit des Denkens niemals fähig« zu sein.

Verweilen wir noch bei den »Köpfen der Kirche«. Da darf einer nicht fehlen, der das fromme Gemüt der Schwaben bis zum heutigen Tag, 150 Jahre nach seinem Tod, in einer beeindruckenden Form wach zu halten verstanden hat. Er heißt **Christoph von Schmid**, war Lehrer, Seelsorger und Schriftsteller, zwischen Seeg im Allgäu, Nassenbeuren, Thannhausen und Augsburg in vielfältiger Form erfolgreich tätig. Dass er auf seine ganz besondere Art, ja man kann fast sagen Unsterblichkeit erlangte, verdankt er seinem Lied »Ihr Kinderlein kommet ...«, das seitdem und wahrscheinlich noch lange überall da gesungen wird, wo Christen Weihnachten feiern.

Im Gedächtnis geblieben ist auch das Beispiel der Kaufbeurer Ordensfrau **Creszentia Höß**. Das Leben dieser Nonne steht für die vielen Entbehrungen und Demütigungen ebenso wie für die Erhabenheit eines unerschütterlichen Glaubens, die Menschen zu ihrer Zeit und bis heute erleiden müssen und erfahren dürfen. Als Kind armer Webersleute, vor mehr als 300 Jahren in diese Welt hineingeboren, musste das junge Mädchen viel Geduld aufbringen, um ohne die übliche Mitgift des Elternhauses endlich in den Franziskanerinnenorden aufgenommen zu werden, wo sie jahrelang die Schikanen einer missgünstigen Oberin ertrug, als Hexe beschimpft wurde, ehe sie zur viel- und hochverehrten Helferin der Armen und Kranken und der Weg frei wurde zur Seligsprechung und schließlich zur Heiligsprechung in unserem, gerade erst begonnenen Jahrhundert.

Eine ganz andere, eine tragische Wendung hat das Schicksal einer Frau genommen, die im 15. Jahrhundert in die Geschichte eingegangen ist: Die Augsburger Baderstochter **Agnes Bernauer**, ein offensichtlich überdurchschnittlich schönes und ebenso zierliches »Schwabenmädel-Köpfle«, verdrehte dem Sprössling Herzog Ernsts von Bayern, Albrecht III., so den fürstlichen Kopf, dass deren Träger sie ungeachtet elterlichen Verbotes heimlich zu seiner Frau machte, worauf das Unglück seinen Lauf nahm.

Der Bayern-Herzog spann eine üble Intrige gegen die ungewollte Schwiegertochter und ließ sie in Straubing als Hexe in der Donau ertränken. So war eines der ergreifendsten Liebesdramen des Mittelalters schwäbischen Ursprungs und willkommener Stoff für die Theater- und Musikbühne.

Leopold Mozarts
Hochfürstl. Salzburgischen Vice-Capellmeisters
gründliche
Violinschule,
mit
vier Kupfertafeln
und
einer Tabelle.

Zweyte vermehrte Auflage.

Auf Kosten des Verfassers.

Augsburg,
gedruckt bey Johann Jacob Lotter. 1770.

Leopold Mozarts Violinschule. Foto: Staatsbibliothek Augsburg.

Dass es das weibliche Geschlecht des Schwabenlandes durchaus nicht an Liebreiz und Attraktivität fehlen lassen kann, ist auch anderweitig historisch aktenkundig geworden. Wolfgang Amadeus Mozart, das Musikgenie aus dem gleichnamigen schwäbischen Geschlecht und Sohn des in Augsburg geborenen Kapellmeisters **Leopold Mozart**, hat, wie man weiß, einen lebhaften, offenen, mitunter recht süffisant zu lesenden Briefwechsel mit seinem Augsburger »Bäsle« geführt.

Übrigens: Für viele Konzertfreunde aller Kontinente kam *die* »Mozart-Stimme« der Musikgeschichte aus Schwaben. **Irmgard Seefried**, eine Lehrerstochter aus Köngetried bei Mindelheim, ausgebildet am Augsburger Konservatorium, und verheiratet mit dem Geiger Wolfgang Schneiderhan, debütierte unter Herbert von Karajan in Aachen und gehörte bis zu ihrem Tod im Jahr 1988 zur Wiener Staatsoper. Bei den Freunden des leichten Schlagers dagegen war der unter dem Künstlernamen **Roy Black** bekannte Gerd Höllerich aus Straßberg bei Bobingen ein Idol, dem sie auch mehr als zehn Jahre nach seinem tragischen Tod noch nachtrauern.

Den Inbegriff geschäftlicher und pekunärer Tüchtigkeit verkörpert der schwäbische Webersohn **Jakob Fugger**, der im 15. Jahrhundert als reichster Mann der Welt galt und seinem Namen den wohlklingenden Titel »der Reiche« hinzufügen konnte. Er finanzierte die Herrschenden seiner Zeit, allen voran Kaiser Maximilian, und machte mit seinem Geld und Einfluss Weltpolitik, indem er verhinderte, dass Frankreichs König Franz statt des Habsburgers Karl V. zum Kaiser gekürt wurde. Seinem weiten Herzen für die große Kunst und kleine Leute verdanken wir bedeutende Bauwerke und Bildnisse sowie die nach ihm benannte Armensiedlung »Fuggerei« in Augsburg, das mittelalterliche Modell des erst einige Jahrhunderte später in Mode gekommenen sozialen Wohnungsbaus.

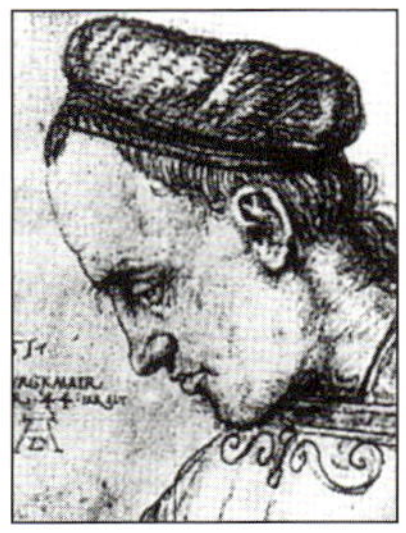

Unter Jakob Fuggers Mäzenatentum erreichten seine Zeitgenossen und schwäbischen Landsleute, die Maler **Hans Burgkmair** sowie Vater und Sohn Hans Holbein künstlerische Weltgeltung. So durfte Burgkmair neben Albrecht Dürer, Lukas Cranach, Albrecht Altdorfer und anderen Großen der Zeit das Gebetbuch Kaiser Maximilians mit Handzeichnungen illustrieren. Unter Vater **Hans Holbein der Ältere** fand im 15. Jahrhundert die spätgotische Kirchenmalerei ihren Höhepunkt. Sohn **Hans Holbein der Jüngere** entwickelte die Porträtkunst seines Vaters zur Vollendung; er war nicht nur der bedeutendste deutsche Maler der Renaissance, sondern auch der höchstbezahlte seiner Zeit.

Elias Holl, der geniale Baumeister des Augsburger Rathauses und anderer Prachtbauten seiner Heimatstadt, starb 1646 in bitterer Armut. Kleinmütige Geister im Rat der Stadt hatten den »falschen Glauben« des Stadtwerkmeisters – er war »Lutheraner« – als Anlass für seine Entlassung gesehen.

Was in einem blitzgescheiten schwäbischen Kopf an Ideen und fundiertem Wissen stecken kann, hat der aus dem mittelschwäbischen Markt Wald stammende Jesuitenpater **Christoph Scheiner** gezeigt, der neben Kepler und Galilei zu den bedeutendsten Naturwissenschaftlern des 17. Jahrhunderts gezählt werden muss. Er hat den Pantographen erfunden, das »Storchenschnabel« genannte Zeichengerät, und als erster den Elipsenzirkel konstruiert. Gleichzeitig mit Galilei und anderen Astronomen entdeckte er die Sonnenflecken, was damals zu einem heftigen wissenschaftlichen Streit über die Erstrechte geführt hat. Scheiner hatte seine später als die am gründlichsten charakterisierten astronomischen Beobachtungen und Beschreibungen – typisch für seine schwäbische Bescheidenheit und Zurückhaltung – unter einem Pseudonym veröffentlicht.

Entgegen der landläufigen Meinung und nach dem, was die Legende von den Sieben Schwaben vermuten lässt, die, nicht gerade wegen übermäßiger Tapferkeit gerühmt, sogar vor einem harmlosen Häslein Reißaus genommen haben sollen, hat die Geschichte auch durchaus mutige, tapfere und streitbare Köpfe hervorgebracht. Der **Georg von Frundsberg** aus Mindelheim (1473–1528) war ein solcher. Er befehligte die Söldnerheere seiner Zeit und stand als »Vater der Landsknechte« bei den Kaisern Maximilian und Karl V. in Kriegsdiensten.

Eine ganz andere Art Mannesmut bewiesen seine schwäbischen Landsleute, die ein halbes Jahrtausend später im Widerstand gegen die Nationalsozialisten ihr Leben aufs Spiel setzten oder sogar opferten, wie der auf Schloss Jettingen bei Günzburg geborene Offizier **Claus Graf Schenk von Stauffenberg**, den Hitler nach dem Attentat 1944 in Berlin hinrichten ließ. Auch der Meitinger Pfarrer **Max Josef Metzger** starb für seine aufrechte Haltung gegen das Unrechtsregime unter dem Fallbeil.

Elias Holl war von 1602–1631 Stadtbaumeister in Augsburg. Der Ludwigsplatz mit Rathaus, Perlachturm und Augustusbrunnen, mit Blick nach Norden in die Karolinenstraße, Kupferstich von Heinrich Jonas Ostertag 1711 (links). Porträt Rudolf Diesel; erster betriebsfähiger Dieselmotor. Foto: Historisches Archiv MAN AG, Augsburg (rechte Seite).

Das »Sinnieren« und »Tüfteln« waren immer die Wurzeln schwäbischen Forschungsdrangs und Erfindungsgeistes. Nicht umsonst wurde in Augsburg der Dieselmotor erfunden, wenngleich **Rudolf Diesel** zwar Spross schwäbischer Eltern, umständehalber aber in Paris geboren wurde, wo sein Vater als kleiner Fabrikant die Familie bescheiden zu ernähren versuchte. Seine Erfindung ist seitdem untrennbar mit seinem Namen verbunden, was man von **Sebastian Wilhelm Valentin Bauer** (1822–1875) aus Dillingen nicht sagen kann. Der Konstrukteur des ersten tauchfähigen U-Bootes der Welt ist in Vergessenheit geraten – bis auf eine Dokumentation mit Erinnerungsstücken im Museum seiner Heimatstadt.

Dafür trägt eine ganz andere schwäbische »Erfindung«, die Wasserkur von **Sebastian Kneipp** (1821–1897) wohl für alle Zeiten seinen Namen. Eine heilsame »Rosskur« des Priesterseminaristen aus Stefansried bei Ottobeuren in der eiskalten Donau in Dillingen liegt als Selbsterfahrung einer der erfolgreichsten Therapien der Naturheilkunde zugrunde, die das Dorf Wörishofen zum Weltbad gemacht und eine beispiellose Entwicklung bis zum heutigen Tag genommen hat. Zu seinen Lebzeiten gehörten Päpste, Königliche Hoheiten und Millionäre zu den Patienten des »Wasserdoktors«. Die allzu hohen Erwartungen seiner Klientel, mit Wechselgüssen und kalten Wickeln das »ewige Leben« zu beschwören, dämpfte der volksnahe Pfarrer schwäbisch-grob mit dem berühmten Ausspruch: »Alt werden wollen sie alle, aber sterben will keiner!«

Wenn ein Schwabe durch seine Unternehmenslust auffällt, sprechen seine Landsleute von einem Menschen mit »Unternimm«. Einen solchen gehabt zu haben, kann man getrost von dem in Neu-Ulm geborenen **Hermann Köhl** behaupten, der ein Jahr nachdem Charles Lindbergh von New York nach Paris geflogen war, 1928 den Atlantik in Ost-West-Richtung überquerte und damit zusammen mit seinen Ko-Piloten Freiherr von Hünefeld und dem irischen Fliegermajor Fitzmaurice ein neues Kapitel Fluggeschichte schrieb. Und noch ein wagemutiger und unternehmensfreudiger »Schwabe«, der in München geborene, aber in Oberstdorf lebende **Anderl Heckmair**, hat sich mit seiner Erstdurchsteigung der Eiger-Nordwand 1938 in den Annalen der Alpinismus-Geschichte verewigt. Dass das Allgäu heute Deutschlands Käse-Paradies ist, geht auf einen Westallgäuer namens **Carl Hirnbein** zurück, der Mitte des 19. Jahrhunderts durch sein von gesundem Geschäftssinn initiiertes Beispiel der Milchwirtschaft zum Durchbruch verhalf.

Notizbuch Bertolt Brechts, »Erinnerung an die Marie A.«.
Foto: Bertolt-Brecht-Archiv, Berlin.
Bertolt Brecht beim Augsburger Fotografen Konrad Reßler.
Fotos: Fotomuseum im Münchner Stadtmuseum.

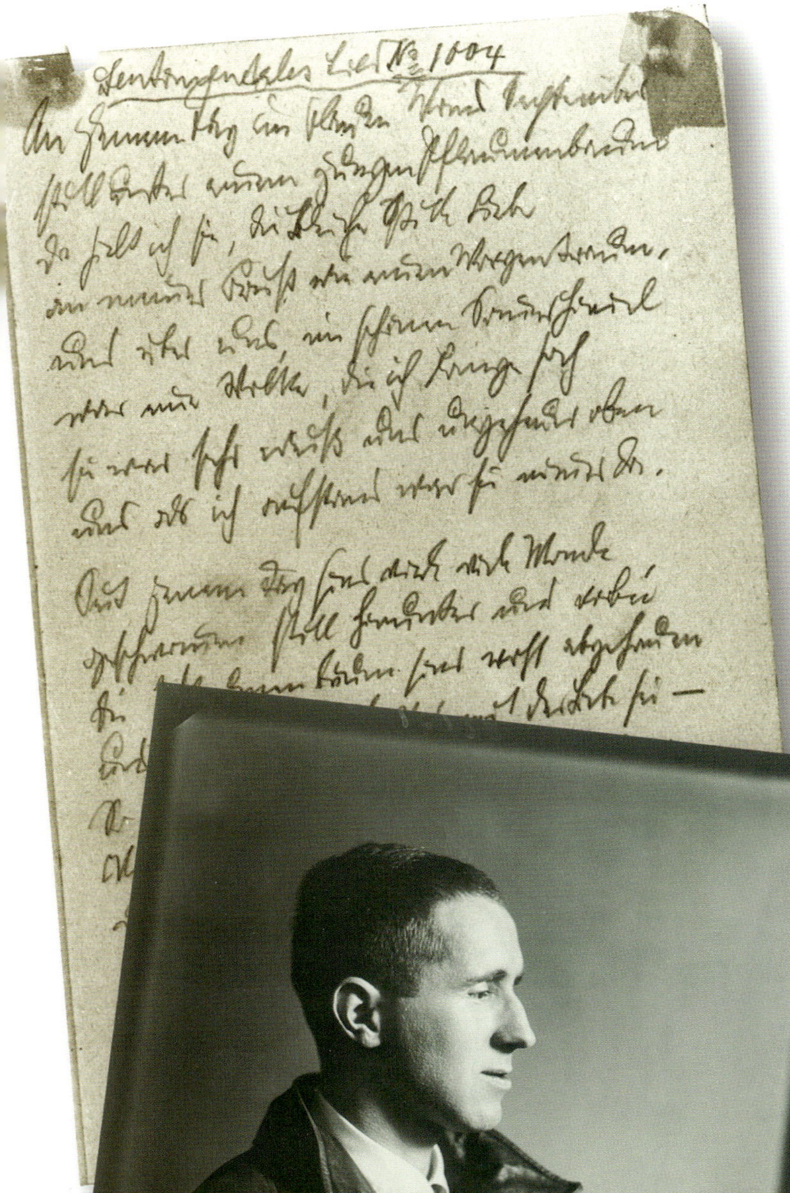

Wie schon vor 300 Jahren mit Elias Holl hatten die Augsburger Schwierigkeiten auch mit einem anderen ihrer ganz Großen. Dieser, darf man annehmen, freilich auch mit seiner Vaterstadt. **Bert Brecht**, der weltberühmte Dramatiker, Lyriker und Regisseur, der das lech-schwäbische Idiom in seiner Sprache selbst im Englischen nie verleugnen konnte und auch nicht wollte, war nach Emigration vor den Nationalsozialisten und Bekenntnis zum Kommunismus jahrelang der verstoßene, verlorene, nach seinem Tod aber längst der heimgeholte, hochverehrte Sohn, mit dem Augsburg seinen Frieden geschlossen hat. Brecht ist freilich nicht der einzige Schwabe, der durch Schreiben auf sich aufmerksam gemacht hat. Zu den klugen Köpfen der Autoren, die da nicht unerwähnt bleiben dürfen, gehören der Kaufbeurer **Hans Magnus Enzensberger**, vielgepriesener Lyriker, Essayist und Träger des Georg-Büchner-Preises der Deutschen Akademie für Sprache und Dichtung. Auch **Martin Walser**, der Bodensee-Schwabe und Friedenspreisträger des Deutschen Buchhandels, muss in diesem Zusammenhang genannt werden. **Ludwig Ganghofer**, **Peter Dörfler** und der Mindelheimer **Arthur Maximilian Miller** sind weitere unverzichtbare Namen. Dazu gehören auch große Komponisten und Dirigenten. **Eugen Jochum** beispielsweise, einer der bedeutendsten Musikpädagogen Deutschlands und Begründer der berühmten Augsburger Singschule.

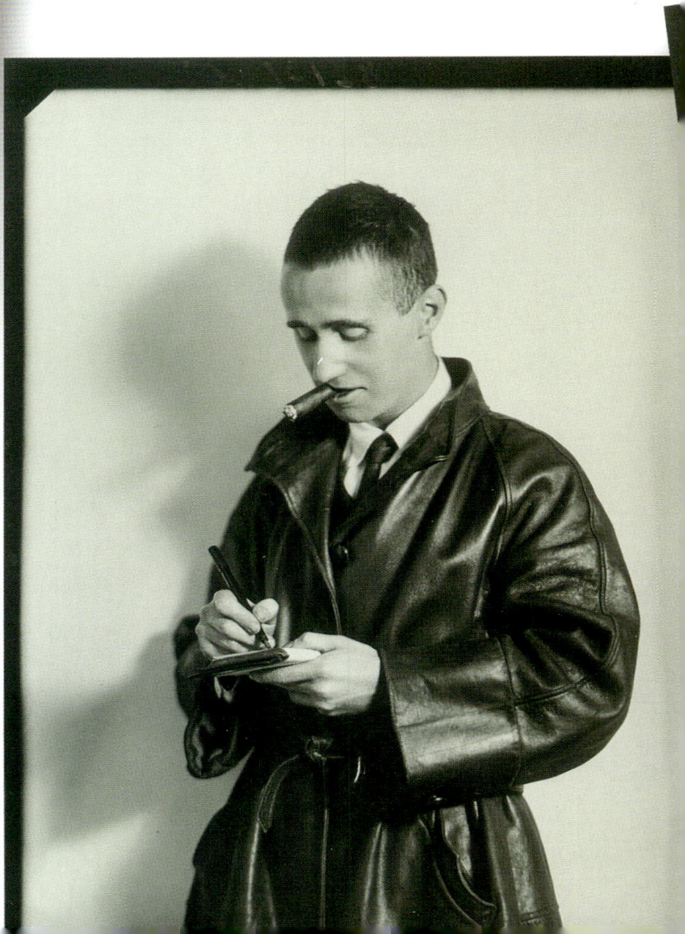

Und vor allem **Werner Egk** aus Auchsesheim bei Donauwörth, dessen Opern »Die Zaubergeige« und »Peer Gynt« sowie das Faust-Ballett »Abraxas« Weltgeltung haben.

Müssten die Schwaben eigentlich nicht, wenn sie denn schon so tüchtig, gescheit und erfolgreich sind, längst Nobelpreisträger in ihren Reihen haben? Zwei davon haben sie schon! **Johann Deisenhofer** aus Zusamaltheim, der Bub eines Bauern, Professor am Howard Hughes Medical Institute Texas, ist 1988 zusammen mit Robert Huber und Hartmut Michel mit dem Nobelpreis für Biochemie ausgezeichnet worden. Den Forschern war es zum erstenmal gelungen, einen unmittelbaren Einblick in den Feinbau einer biologischen »Photozelle« zu erhalten. Damit konnte die atomare Struktur des photosynthetischen Reakrionszentrums von Purpurbakterien mittels Röntgenstruktur-Analyse geklärt werden. Und noch einer dieser Köpfe hat seinen Platz in der Galerie der Nobelpreisträger: Zusammen mit dem Heidelberger Mediziner und Biophysiker Bert Sakmann erhielt 1991 der aus Buchloe stammende Biophysiker Prof. Dr. **Erwin Neher**, Absolvent der Mindelheimer Maristenschule, den Nobelpreis für Medizin und Physiologie.

Lassen wir nicht unerwähnt, dass schwäbische Köpfe auch im internationalen Sport einen guten Namen haben. Wer weiß schon, dass der in Amerika hochgeschätzte und beliebte Golf-Profi **Bernhard Langer** aus dem Dorf Anhausen bei Augsburg stammt, dass die **»Gold-Heidi« Schmid**, Olympiasiegerin von Rom im Damen-Florett, und **Elisabeth Micheler-Jones** Kanu-Weltmeisterin aus dem Jahr 1992 Augsburgerinnen sind? Von **Helmut Haller** ganz zu schweigen, dem Fußballer, den Fans in aller Welt seiner »goldenen Beine« wegen verehren, wenngleich er als typisch »schwäbischer Kopf« auch mit diesem eine Menge Tore machte.

Der Versuch, all die »schwäbischen Köpfe« aufzuzählen, die den Ruhm und den Ruf ihrer Heimat in die Welt hinausgetragen haben, wäre unvollständig, gäbe es da nicht noch die **»Holzköpfe« der Augsburger Puppenkiste**, die in ihrer Popularität übers Fernsehen zumindest in diesem Jahrhundert zum Qualitätsbegriff für schwäbische Köpfe schlechthin geworden sind.

Winfried Striebel

KULTURELLES SCHAFFEN

Blattläuse auf Grönland? Skispringen in Kinshasa? Kultur in Schwaben? Kulturelle Events mit internationalem Renommee sucht man in dieser lieblichen Landschaft vergebens. Grüne Hügel findet man in Hülle und Fülle, aber kein Bayreuth. Es gibt keine Documenta, nicht den Glamour von Cannes, keine Met. Die Mega-Museen von Weltruf liegen nicht an der Günz oder Kammel, sondern als Nachfolger königlicher Sammlungen in Metropolen wie Paris, London oder Madrid. Oder heute in Bilbao. Und selbst die Randsparten der Hochkultur haben sich anderswo etabliert. Zum Jazz pilgert man nach Burghausen, zur zeitgenössischen Musik nach Donaueschingen. Kultur in Schwaben?

Natürlich, es gibt die »romantische« und die »schwäbische Barockstraße« von einer prachtvollen Kirche zur andern. Majestätische Klosteranlagen leuchten weithin ins Land und die grünen Hügel Schwabens zieren Schlösser und Burgen. Man findet im Stadtbild der ehemaligen freien Reichsstädte verträumten Zauber auf Schritt und Tritt, dazu – etwa in Augsburg – bedeutende Denkmäler der Industriearchitektur. Verschiedentlich römische Spuren von Kempten bis ins Ries. Und vom großen Gott von Altenstadt über das Augsburger Bronzeportal am Dom, die Figuren des Altars von St. Georg in Nördlingen, die Residenz in Kempten bis zum erhabenen Ottobeuren atmet dieses Land Kultur, zeugt vom Reichtum kulturellen Schaffens – der Vergangenheit. Vorbei die Zeiten, als Augsburg mehr Goldschmiede in seinen Mauern beherbergte als Bäcker, dazu Dutzende von Kupferstechern und Verlegern, als Johann Georg Bergmüller einer Reichsstädtischen Kunstakademie vorstand und man vom »Augsburger Geschmack« redete, wahrhaft stilbildenden Impulsen im Rokoko. Viel später gab's dann noch Bert Brecht, der sich zum Dichter und Theatermann von Weltruf entwickelte – anderswo. Kultur in Schwaben? Im Weltmaßstab betrachtet: Fehlanzeige. Misst man jedoch mit kleiner Elle, so entdeckt man durchaus vielfältiges kulturelles Schaffen von liebenswertem Charme. Man muss sich nur auf die Suche machen und wird dabei doch vieles übersehen.

Bert Brecht im Augsburger Stadttheater: Eindrucksvolle Rückkehr als »Klassiker« – Szene aus der »Dreigroschenoper« (2003). Foto: Lioba Schöneck

Tradition und Fortschritt am Kennedyplatz: Vor dem Augsburger Stadttheater ragt seit 1986 die Edelstahlplastik »Ostern« von Matschinsky-Denninghoff (Berlin) in den weiß-blauen Himmel.

Publikumsmagnet seit 1929: Die Augsburger Freilichtbühne am Roten Tor – Sommerabende mit südländischem Flair.

Theaterlandschaft Schwaben. Gar nicht so sehr im Verborgenen suchen muss man die schwäbische Theaterlandschaft. Sie blüht von Lindau über das historische Stadttheater Weißenhorn bis Donauwörth. Das traditionsreiche Landestheater Schwaben mit Sitz in Memmingen – bereits nach dem 1. Weltkrieg (!) Spielort der Bayerischen Landesbühne München – gastiert in über 40 Städten und Gemeinden. Unter sieben Neuproduktionen im Jahr kann da schon mal eine Welturaufführung sein wie die Heavy-Metal-Oper »Klytaimnestra oder der Fluch der Atreiden«, die selbst im Ausland Aufsehen erregt. Meist aber nur biederes, wenn auch abwechslungsreiches Programm. So kann man beispielsweise 2003 im Stadttheater Kempten alte und neue Klassiker von Calderon und Molière über Hauptmann bis zu Sartre und Dürrenmatt erleben oder sich am Hintersinn eines Karl Valentin ergötzen. Und die vielerorts (nach den Hallenbädern) errichteten Stadthallen sind nicht nur gelegentlich Spielstätten für verschiedenste Tournee-Produktionen. Da lohnt sich der Besuch mitunter schon vom Ambiente her, wie beim Gögginger Kurhaus-Theater, dessen wundersamer Bau (Jean Keller 1885) mit öffentlichem Geldsegen von der Stadt Augsburg und dem Bezirk Schwaben 1996 aus dem Dornröschenschlaf einer bröckelnden Bauruine erweckt wurde und zurück fand ins rege Leben des Spielbetriebs von Boulevardstück und Operette, – Spielplan und Spielort stimmig allerentzückendste Nostalgie.

Theater in Schwaben lebt aber nicht nur von den festen Ensembles in Memmingen und Augsburg, sondern von den überaus zahlreichen Theatervereinen und engagierten Laientheatern, gleichsam die »Breitensport-Basis« für die Profis, mit oft beachtlichem Niveau, wie etwa das Romanisten-Theater der Universität Augsburg, das sich zeitweise Kultstatus erspielte. Ein Spezifikum stellt der Passionsspielverein von Waal dar, seit 1960 mit eigenem Theater (800 Plätze), der in unregelmäßigen Zeitabständen die Gelübde der Vorväter (zurückgehend auf das Pestjahr 1626) erfüllt. Und der Zeitgenosse staunt über das geistliche Drama im folkloristischen Gewand.

Augsburger Stadttheater. Das Zentrum des schwäbischen Theaterlebens liegt zweifellos in Augsburg. Die Traditionen reichen weit zurück. Spätestens mit dem »Meistersinger-Stadel« 1665 hat Theater seinen Ort in der Stadt. Im Neubau von 1777 erklingen die Opern-Novitäten der Zeit: Mozart (Don Giovanni bereits im Uraufführungsjahr 1787), Wagner und Verdi (1853–58) und das neue Haus von 1877 sieht deutsche Uraufführungen, so Ibsens »Gespenster«. 1919 etabliert sich das Theater als kommunaler Betrieb. Nach dem Wiederaufbau des kriegszerstörten Hauses wird 1956 wieder eröffnet, wie anders in der Mozartstadt als mit »Figaros Hochzeit«? Noch immer leistet sich Augsburg unter stetem Stöhnen des Stadtkämmerers und mit Sponsoring durch die Wirtschaft und den »Verein Freunde des Stadttheaters« ein Drei-Sparten-Haus (Oper und Operette, Schauspiel und Ballett).

Lange Zeit freilich galten die Städtischen Bühnen vornehmlich als Karrieresprungbrett für junge Talente. So sprach man seit den 50-er Jahren vom »Augsburger Dirigentenwunder«, nahmen doch ihren Weg von hier aus Wolfgang Sawallisch, Heinz Wallberg, Istvan Kertész oder Bruno Weil. Dazu kommt der gebürtige Babenhausener Eugen Jochum. Wie der TV-Star Harald Schmidt starteten Hans Korte oder die Tenöre Chris Merritt, Douglas Nasrawi und der Bayerische Kammersänger Ulrich Ress ihre Karrieren auf der Augsburger Bühne. Künstlerische Turbulenzen und die Zeiten klammer kommunaler Kassen stellten immer wieder die Grund-

Das Gögginger Kurhaus-Theater: Illusionskunst des Ingenieurbaus, seit 1996 wieder im Dienst der Illusionswelt des Theaters.

Zauber des Puppentheaters: »Exotische« Spielszene der Augsburger Puppenkiste aus »Kabarett« (2003). Foto: Elmar Herr

satzfrage, zumal ein Neubau des Schauspielhauses ansteht. Inzwischen titelt die Presse verwundert von der »Renaissance des Augsburger Theaters«. Die Besucherzahlen der Saison 2000/2001 verzeichnen einen Rekordzuwachs vor allen anderen deutschen Häusern, Schauspieler auch aus großen Häusern zieht es an die schwäbische Renommierbühne. Für Intendant Ulrich Peters und Oberspielleiter Holger Schultze steht Theaterarbeit unter dem Motto »eine Stadt wie Augsburg braucht Anregungen«. Also kein anbiedernder Spielplan, vielmehr Uraufführungen, moderne Inszenierungen, neue Schauspieler, besserer Service (»Einblick« in die Inszenierungen) und Experimente. Während das große Haus (936 Plätze) attraktive Klassiker bietet, blüht daneben in der Komödie das experimentelle Theater. Junge Autoren und Regisseure nutzen das in der Szene viel beachtete Forum, dessen innovative Frische selbst in der Theatermetropole München wahrgenommen wird. Im April 2003 setzten Schultze und sein 21-köpfiges Ensemble zusammen mit Gastschauspielern auf volles Risiko. Man wagte sich an Botho Strauß' 100-Personen-Stück »Der Narr und seine Frau heute Abend in Pancomedia«, ein Theaterereignis, das nur den ganz großen Häusern vorbehalten schien.

Und so ganz en passant bietet das Philharmonische Orchester traditionsgemäß zehn Sinfoniekonzerte und zwei Jugendkonzerte im Jahr, das Tanzensemble präsentiert zwei Ballettabende in eigener Produktion, dazu wird die Tradition der attraktiven Freilichtbühne am Roten Tor seit 1929 gepflegt, zu der Besucherscharen von weither pilgern, Wolldecken und Regenschirmknirps unterm Arm, immer einen bangen Blick auf den Sommerhimmel gerichtet. Bei dem Ambiente konnte selbst August Everding einer Inszenierungs-Anfrage nicht widerstehen.

Die Strahlkraft des Augsburger Theaters wirkt innerstädtisch auf rund zwanzig Ballettschulen in der Stadt, auf das Kinder- und Jugendtheater, Kleinkunst und Varieté in der »Mühle« und im Kulturhaus »Abraxas« mit seinem intimen Theaterraum, das 1995 auf ehemaligem Kasernengelände Akzente im kulturellen Brachland-Viertel setzte, oder auf die Nachwuchsarbeit im Musikbereich. Nicht nur wegen seiner direkten Kulturaufgaben, sondern auch wegen der Synergieeffekte für das kulturelle Schaffen in der Region, auch im Zusammenwirken mit den künstlerischen Ausbildungsstätten der Universität, der Fachhochschule für Gestaltung und der Musikhochschule Augsburg-Nürnberg ist das Stadttheater ein unverzichtbarer Pfeiler der Kulturpolitik der Bezirkshauptstadt Schwabens. So will die Stadt auch weiterhin alle möglichen finanzpolitischen Klimmzüge machen, um es als Drei-Sparten-Haus zu erhalten. Zeigen doch die Besucherströme, dass die Augsburger »ihr« Theater lieben (auch die mit dem Abonnement für die großen Häuser in München).

Geliebtes Puppentheater. Und natürlich lieben sie fast reflexhaft »ihre« Augsburger Puppenkiste, das einzige Vorzeige-Kulturprojekt mit bundesweiter Popularität. Die Erfolgsgeschichte dieser von Walter Oehmichen nach dem Krieg gegründeten Marionettenbühne wird nun schon in der dritten Generation von der Familie Marschall fortgeschrieben. Kultstatus erhielten »Urmel aus dem Eis«, »Jim Knopf« oder »Lukas, der Lokomotivführer« als Fernsehstars für Generationen kleiner und großer Fernsehzuschauer im In- und Ausland. Mit der Live-Sendung »Peter und der Wolf« begann am 21. Januar 1953 die TV-Karriere der Augsburger Puppenkiste. In fünfzig Jahren wurden es insgesamt 785 Fernsehproduktionen. In den frisch renovierten Räumen samt kleinem Puppen-Museum im Heilig-Geist-Spital werden die

Das Schwäbische Jugendsinfonieorchester – Vorzeigeprojekt der Musikförderung durch den Bezirk Schwaben.

Längst mehr als ein Geheimtipp: Konzerte im Schloss Leitheim (mit diskreter Förderung durch den Schlossherrn) – Kammermusik gleichsam als Atem des Hauses.

Nostalgiker des Puppenspiels auch weiterhin das bewährte Programm genießen können: Sagen und Märchen für Kinder, Oper, Schauspiel und Kabarett für die Erwachsenen.

Bekanntheitsgrad und Attraktivität der »Augsburger Puppenkiste« ließen es naheliegend erscheinen, in Augsburg international besetzte »Puppenspieltage« durchzuführen. Sie etablierten sich rasch durch die Qualität der Aufführungen, durch Innovation und Spielwitz, unterschiedliche Typen von Spielpuppen und phantasievolle Inszenierungen. Was vor nunmehr 16 Jahren entstand, ist inzwischen nicht mehr wegzudenken. Die Puppenspieltage sind zweifellos ein Highlight, das die Zuschauer verzaubert. Wunder des Puppentheaters. Zum Puppenspiel in Schwaben zählt auch das Figurentheater Moussong, das im Augsburger Kulturzentrum »Abraxas« eine Spielstätte gefunden hat. Erwähnenswert ist Lindau als weiterer ständiger Spielort des Puppentheaters. Auch dort setzt man auf die »Marionettenoper«.

Klingendes Schwaben. Es braucht nicht eigens die Erinnerung an das Land, aus dem ein Mozart stammt. Musikalisch sind sie, die Schwaben. Es genügen offene Ohren. In jedem Dorf spielt die Musik. 663 Vereine sind im »Allgäu-Schwäbischen Musikbund« zusammengeschlossen. Der langjährige Präsident der ältesten deutschen Blasmusikvereinigung, Karl Kling, hat sich bleibende Verdienste um diese »musikalische Bürgerinitiative« erworben. Fast jede Gemeinde hat ihre Blaskapelle, in Nördlingen die Stadtkapelle, so manche Kirche ihren Kirchenchor. Natürlich ragen die Augsburger Domsingknaben dabei heraus. Überhaupt leisten die Kirchen einen bedeutenden kulturellen Beitrag zur Musikpflege. So gibt es zahlreiche Orgelkonzerte vom »Füssener Orgelsommer« auf den historischen Orgeln, der »Klostermusik im Allgäu«, den samstäglichen Orgelkonzerten (16 Uhr) in Ottobeuren von Februar bis November, dem »Roggenburger Sommer«, in den Augsburger Innenstadtkirchen ohnehin. Dazu kommen zahlreiche Chöre vom Philharmonischen Chor oder dem Akademischen Chor Augsburg über die Schwäbische Chorgemeinschaft bis zu dem nur 16-köpfigen Ensemble von »Chorfeo«, Gewinner des Deutschen Chorwettbewerbs (Vocal-Jazz), mit seinem auch selbst stimmlich begnadeten Leiter Wayne Wegener. Das alles singt und musiziert in Schwaben, dass es nur so seine Art hat. Und wer an einem Sommerabend mit offenen Ohren durch den einen oder anderen Ort spaziert, braucht nur den Klängen nachzugehen und findet sich in einer Chor- oder Orchesterprobe.

Der Musikernachwuchs wird besonders gefördert. Da leistet sich, um nur ein Beispiel zu nennen, Immenstadt eine Musikschule mit 18 Lehrern und 684 Schülern. Auf Bezirksebene gibt es die Einrichtung »Schwäbisches Jugendsinfonieorchester«, in der Bayerischen Musikakademie Marktoberdorf heißt es »Jugend jazzt«, es gibt dort ein eigenes Bayerisches Landesjugendjazzorchester. Krumbach beherbergt die Berufsfachschule für Musik. Bei solcher Musikversessenheit der Schwaben ist es erfreulich, dass Augsburgs Leopold-Mozart-Konservatorium nun im Verbund mit Nürnberg den Rang einer Doppelmusikhochschule erhalten hat. Die Ausbildungsleistungen sind schließlich entsprechend. Und der Leopold-Mozart-Musikwettbewerb hat sich international einen sehr guten Ruf und damit Beteiligung auf höchstem Niveau erworben.

So nimmt es nicht Wunder, dass die Veranstaltungskalender schier überquellen von Konzertveranstaltungen, Musikwochen und Festivals im ganzen Land. Und

Im Chorraum von Kloster Irsee vereinen sich beim Musikfestival »Klang und Raum« zu einem Einheitserlebnis der besonderen Art.

Um die tragische Figur des Märchenkönigs rankt sich ein eigenes Musical im König-Ludwig-Musicalhaus zu Füssen. Aufwändige Kostüme bei der bewegten Bühnenszene aus der »Sehnsucht nach dem Paradies«. Foto: Brinkhoff/Mögenburg

die Besucher strömen. Klassik vom Lindauer Stadttheater und dem evangelischen Hospital bis zu den Liederabenden im Barocksaal Vöhlinschloss Illertissen, von den Oettinger Residenzkonzerten (von denen manche für Jugendliche unter 16 Jahren auch kostenfrei besucht werden können) über Wörishofen mit dem Kunstfrühling (Justus Frantz) und den Kneippmusiktagen (Martin Haselböck) bis zu den Fürstensaalkonzerten in Füssen, wo neben der Klassik auch moderne Musik und Jazz erklingen. Die meisten Konzertreihen blicken auf eine mehr als 50-jährige Tradition zurück und können – vom äußeren baulichen Ambiente eines Barocksaals, einer Rokokokirche her – oft direkt anknüpfen an die Entstehungszeit der Musik. So werden Klang und Raum zu einem ganzheitlichen Erlebnis der besonderen Art wie in dem charmanten Rokokobau von Schloss Leitheim (seit 1959 rund 20 Konzerte im Jahr), im »Kleinen Goldenen Saal« in Augsburg, in der grandiosen Majestät der Klosterkirche von Ottobeuren. Und wenn da die berühmten Riepp-Orgeln nur einige der 66 Register erklingen lassen, ahnt man etwas von Himmelsmusik.

Zu den Höhepunkten des schwäbischen Musiklebens zählen die »Ottobeurer Konzerte« unter Leitung von Wolfgang Sawallisch (große Sinfonien von Beethoven und Bruckner), der »Festliche Sommer in der Wies«, der als Spielorte auch das Welfenmünster Steingaden und St. Michael in Altenstadt einbezieht, unter Leitung von MD Franz Brannekemper (Oratorienliteratur von Bach bis Mendelssohn) mit dem Bayerischen Staatsorchester und das Musikfestival »Klang und Raum« im Kloster Irsee unter der künstlerischen Leitung von Bruno Weil mit dem kanadischen Tafelmusik Orchestra und dem Tölzer Knabenchor, jährlich am ersten Septemberwochenende. Beachtlich ist auch der Augsburger Mozartsommer.

Erfreulicherweise konzentriert sich das Musikleben nicht nur auf die Bezirkshauptstadt. So bietet etwa Neuburg (hier einbezogen wegen seiner Wirkung auf Nordschwaben) nicht nur die Barockkonzerte an historischer Stätte und – besonderes Flair – in historischen Kostümen bei Kerzenschein, sondern auch die »Internationale Neuburger Osterakademie für Alte Musik und Bildende Kunst« in Zusammenarbeit mit der Universität Regensburg und bei der »Sommerakademie« besteht Gelegenheit, bei Prof. Herbert Wiedemann vom Lehrstuhl für Klavier mit Schwerpunkt Improvisation an der Hochschule der Künste Berlin zu lernen, übrigens gebürtig zu Lindenberg im Allgäu. Die Kooperation mit Universitäten und Hochschullehrern pflegt die Sommerakademie Irsee »Kunst leben«, vor allem mit der Universität Augsburg. Deren festlicher Abschluss, die »Kunstnacht Irsee«, ist schon fast ein »Muss«. Und so drängen sich Tausende zu einem rauschenden Kunstfest.

Das »klingende Schwaben« beschränkt sich aber nicht auf die Pflege klassischer Musik. Die Freunde des Musicals pilgern seit April 2000 nach Füssen zum König-Ludwig-Musicalhaus, das in einem eigens aufgeschütteten Grundstück am Forggensee mit jährlich 400 Aufführungen des Ludwig-II-Musicals die »Sehnsucht nach dem Paradies« besingt. Produzent Stephan Barbarino ist zuversichtlich, nach einigen Turbulenzen, das nostalgische Musical in wirtschaftlich sichere Zonen zu führen.

Auf der Freilichtbühne Burghalde (Füssen), in Memmingen und Augsburg finden internationale Rock- und Popkonzerte statt. Und vom Jazzklub Lindau bis zum Geheimtipp des »Traumraum« von Wolfgang Lackerschmid in der Augsburger Altstadt geben sich die Großen der Szene die Klinke in die Hand. Bassist Christian Stock hat mit dem Augsburger Jazzsommer

In der internationalen Szene eine gefragte Größe: Der Augsburger Wolfgang Lackerschmid (am Vibraphon) und sein »Traumraum«.
Foto: Helmut Ölschlegel

Big-Band-Sound beim »Kemptener Jazz Frühling« mit der Cambodunum Big Band und ihrem Leiter Dieter Müller.
Foto: Kleinkunstverein Klecks

ein eigenes Jazzfestival auf die Beine gestellt. Und Jazz in Neuburg ist ein fester Begriff in der Szene. Der Kemptener Jazzfrühling ist mittlerweile eines der größten Festivals in Deutschland.

Natürlich sind die Jazzer nicht nur Interpreten fremder, sondern auch Komponisten eigener Stücke. Wolfgang Lackerschmid kann aber auch eigens Theatermusik für die Städtischen Bühnen entwickeln. Wen wundert's bei den musikbegeisterten Schwaben, dass auch nach Werner Egk (1901–83) zeitgenössische Musik komponiert wird. So wurde an Silvester 1999 in der Augsburger Basilika St. Ulrich und Afra die Ulrichsvesper von Josef Hauber uraufgeführt. Für die ganz avantgardistische Musik ist Schwaben aber kein gutes Pflaster. So konnte Gerhard Haugg in seiner Geburtsstadt Augsburg gerade mal in der kleinen Galerie »Kulturesk« seine »Ufopera« uraufführen. Seine »Handy-Symphonie« erlebte ihre Uraufführung beim 3. Europäischen Festival für Kammeroper und Musiktheater in Düsseldorf, auch seine »Internet-Opera« mit dem Landesorchester Nordrhein-Westfalen. Und so hat Schwaben über seine Grenzen hinaus einen guten Klang.

Ja, das Schreiben und das Lesen. Literatur in Schwaben ist eine Angelegenheit eher der Vermittlung und Präsentation denn der seit Brecht kaum nennenswerten Produktion. Natürlich gibt es reiche Bodenseeliteratur von der Droste bis Martin Walser. Ansonsten kramt man mit Mühe ein paar Namen für's 20. Jahrhundert zusammen: Alexander von Bernus (1880–1965) aus Aeschach bei Lindau, Hedwig Lachmann oder den Augsburger Oskar Schürer, dessen lyrische Produktion aber nach 1919 verstummte. Vielleicht gar noch den fanatischen Hitler-Verehrer und Nationalpreisträger für Literatur von 1933 Richard Euringer, peinlichen Eingedenkens.

Literatur in Schwaben? Gewiss mag man auf das – auch international betrachtet – intellektuelle und literarische Schwergewicht Hans Magnus Enzensberger verweisen, den aber einen »schwäbischen« Dichter zu nennen trotz zweifelsfreier Herkunft aus Kaufbeuren (1929) sich verbietet. Souveräne Leichtigkeit der Sprache wie politisches Engagement haben dem Büchnerpreisträger (1963) frühzeitig den Vergleich mit Heine eingetragen, auch die Form seiner literarischen Produktion: Lyrik, Essay, Kommentar. Wie sein jeweiliger örtlicher Lebensmittelpunkt liegt sein geistiges Biotop nicht im Allgäu, sondern in der europäischen Kulturgeschichte, in der Weltliteratur.

Auch Winfried G. Sebald (geb. 1944 in Wertach) ist nicht in Schwaben geblieben. Seit 1970 als Dozent in Norwich tätig, u. a. hervorgetreten mit Essays zur österreichischen Literatur, entwickelt er in Erzählung und Roman (»Austerlitz«, »Die Ringe des Saturn«) eine eigenwillige, betörende Prosa. Rhythmisch schwingende Satzfugen machen Beschreibung zur Sache von Zuneigung und Diskretion. Sebald wurde u. a. ausgezeichnet mit dem Mörike-Preis, dem Heinrich-Böll- und Heinrich-Heine-Preis. Der große Erzähler wurde durch einen Autounfall (2001) aus dem Leben gerissen. Unter den schwäbischen Romanciers hervorzuheben sind Georg Klein mit »Barbar Rosa« und »Libidissi« und der heute in Duisburg lehrende Gerhard Köpf: »Innerfern«, »Piranesis Traum«, besonders »Die Strecke«, verfilmt unter dem Titel »Wallers letzter Gang«.

Literatur in Schwaben? Klar finden sich Autoren, die aus Schwaben stammen wie Wolfgang Bächler oder auch Rainer Werner Fassbinder (1945–82) aus Bad Wörishofen. Im Schatten seiner herausragenden Rolle für den neuen deutschen Autorenfilm steht der Dramatiker Fassbinder.

Gespannte Aufmerksamkeit für »Sarastros stille Liebe« von Attila Csampai. Lesung bei Rieger + Kranzfelder, Augsburger Traditionsbuchhandlung seit 270 Jahren, in den historischen Gewölben der Fuggerhäuser.

Literatur im Biergarten: Beste Stimmung bei der Lesung von Emil Steinberger in den »Drei Königinnen« (dem alten »Lochwirt«) zu Augsburg.

Sein erfolgreichstes Theaterstück »Die Bremer Freiheit« (1972) ist immerhin rund 70 mal inszeniert worden.

Auch leben Autoren in Schwaben wie Franz Dobler oder Wolfgang Kunz, Erich Pfefferlen, Susanne Seitz oder die Augsburger Kulturreferentin Eva Leipprand. 1996 erschien »Keine laute Provinz«, eine Anthologie zeitgenössischer Autoren aus dem Schwäbischen, ein verdienstvolles, in den Ergebnissen stellenweise mageres Unterfangen. Und wer eine schwäbische Literaturgeschichte schreiben möchte, mag dann auch noch Literaten wie den Büchnerpreisträger Heinz Piontek (1976) oder Erhard Kästner als Gäste in Schwaben heranziehen, vielleicht all jene, die Gastvorträge hielten, oder deren man als Durchreisende habhaft werden könnte. Denn die »local heroes« der Literaturszene bleiben schwäbischen Literaturpreisen, der Schreibwerkstatt der Universität Augsburg, engagierten und immer wieder eingestellten Zeitschriftenunternehmungen von »Zeitriss« bis »artur« zum Trotz eben vor allem eines – local.

Natürlich entsteht Literatur in Schwaben. Es gibt eine ansehnliche (nicht nur orts-) historische, kunstgeschichtliche und wissenschaftliche literarische Produktion, beispielsweise und beispielhaft all die geistreichen und sprachlich brillanten Essays von Helmut Koopmann über Literatur des 18. bis 20. Jahrhunderts. Und neben örtlichen Literaturpreisen gibt es neuerdings auch den Bayerisch-Schwäbischen Literaturpreis der Arthur-Maximilian-Miller-Stiftung des Bezirks Schwaben.

Doch bleibt als bedeutendste Literaturleistung in Schwaben die Edition der »Anderen Bibliothek« durch die Buchhandlung und den Verlag Greno in Nördlingen bestehen, also ein Beitrag der Literaturvermittlung. In sage und schreibe 218 liebevoll gestalteten Bänden hat der Herausgeber Hans Magnus Enzensberger eine ganze Schatzkammer literarischer Kostbarkeiten vor dem Vergessen gerettet oder dem deutschen Lesepublikum erst bekannt gemacht. Literaturvermittlung ist also der spezielle Beitrag Schwabens zur Literatur der Gegenwart. Erfreulich ist die Akzeptanz von Lesungen und Literaturtagen wie sie in Augsburg zur festen Einrichtung geworden sind. Events wie »Literatur im Biergarten« (Kurt Idrizovic) haben das literarische Ödland vorbereitet, poetische Gastvorlesungen der Universität (u. a. Günter Kunert) wirkten als Langzeitdünger, in engagierten Buchhandlungen wächst die Saat – nicht nur bei großen Handelsketten wie »Pustet«, sondern auch in Traditionsbuchhandlungen wie »Rieger + Kranzfelder« in der Augsburger Maximilianstraße mit ambitioniertem Programm. Sieben Buchhandlungen haben sich zusammengeschlossen zum Literaturteam Augsburg.

In einer Fülle von Vorträgen, Lesungen, Theateraufführungen widmet sich Augsburg – ehemals die Druckerstadt im Reich – jeweils die ersten drei Monate im Jahr mit dem »Literaturprojekt der Stadt Augsburg« einem Schriftsteller des deutschsprachigen Raums von Heine (1994) über Kafka bis Schiller (2003), von Zweig bis Brecht, von Hesse bis Thomas Mann. Jedesmal spannt sich ein kulturelles Netzwerk von der Universität bis zum Kino, vom Kabarett bis zur Volkshochschule, von der Buchhandlung bis zum Berufsverband Bildender Künstler, vom Stadttheater bis zur Berufsschule quer durch die Stadt, schafft Verbindungen im Zeichen der Literatur. Zehn Jahre gibt es das Literaturprojekt und es lockte, was Rang und Namen hat in der Szene, in die Brecht-Stadt: beispielsweise (von A bis Z) Ilse Aichinger, Wolf Biermann, Robert Gernhardt, Nina Hagen, Walter Jens, Hellmuth Karasek, Adolf Muschg, Will Quadflieg, Jan Philipp Reemtsma, Marcel Reich-Ranicki, Hanna

Meisterliche Linie und kostbare Farbe von edlem Pigment: Georg Bernhard im Atelier. Foto: Traudl Bühler

Zeitgenössische Kunst im barocken Rahmen – ein ambitioniertes Ausstellungsprogramm: Der Kulturförderkreis Kißlegg zeigt den Augsburger Christopher Kochs mit der Austellung »Gegenwelt« im Neuen Schloss, 2002. Foto: Andreas Brücklmair

Schygulla, Gabriele Wohmann, Hans Wollschläger, Gerhard Zwerenz. Es gibt sie also doch: Literatur in Schwaben. Gastweise.

Die Bildende Kunst. In kaum einer Sparte des kulturellen Schaffens wirkt sich die geografische Lage Schwabens so negativ aus wie in der Bildenden Kunst. Fernab der regen Szene im Ruhrgebiet oder Berlin, eingeklemmt zwischen die Akademie-Städte Stuttgart und München als traditionelle Kunstzentren, hat Schwaben den Charakter einer Zulieferer-Region für Talente und eines nachgeordneten Raums für den Kunsthandel. Den rund 400 Galerien der bayerischen Landeshauptstadt, von denen 16 auf der Art Cologne vertreten sind – bei Stuttgart sind es immerhin noch acht –, hat Schwaben keine einzige entgegenzusetzen, die auch nur bundesweit Furore machte. Zwar gibt es eine Galerieszene mit guter Qualität von Lindau (Galerie Holbein, Galerie Doris Wullkopf) bis Augsburg, die durchaus überregional renommierte Künstler vertritt, aber eben im kleinen Maßstab.

So halten in Augsburg nach dem Tod von Hans-Jörg Rehklau Ausstellungsmacher wie Konrad Oberländer, die Galerie Noah, Kulturesk oder die Ecke-Galerie wenigstens durch Ausstellungsakzente die Verbindung zur großen Kunstwelt. Bemerkenswert auch die Galerie Neuendorf in Memmingen. Lange Zeit konnten die Augsburger sich über die renommierte »Nationale der Zeichnung« (Konrad Oberländer und Dr. Gode Krämer) und im Zehnjahresabstand über die »Bildhauer in Deutschland« (initiiert vom Kunstverein unter Dr. Stefan Vogel) freuen. Im renovierten Holbeinhaus mit deutlich verbesserten Präsentationsmöglichkeiten zeigt der Kunstverein Augsburg Gegenwartskunst von Rang, wenn auch abseits der Arbeitsgemeinschaft deutscher Kunstvereine. Das Höhmannhaus in der Maximilianstraße nutzt Dr. Thomas Elsen, Kurator für zeitgenössische Kunst der Städtischen Kunstsammlungen, für ein erfreulich abwechslungsreiches Programm ohne Zugeständnisse an den angeblichen Publikumsgeschmack.

Auch das Kunsthaus Kaufbeuren setzte mit ambitioniertem Programm Akzente. Grafik von Baselitz oder Installationen von Fabricio Plessi wechselten mit thematischen Ausstellungen von frechem Witz, die nicht nur auswärtige Besucherströme anlockten, sondern – durch vorbildliche Museumspädagogik – auch Scharen von Kindern und Jugendlichen. Schon seit 1985 hat sich die Stadt Wertingen mit ihrer bayernweit ausgeschriebenen alljährlichen Ausstellungsreihe »Kunst im Schloss« einen Namen in der Szene gemacht und sich nebenbei eine bemerkenswerte Sammlung zeitgenössischer Kunst für die Städtische Galerie zugelegt. Seit Juli 2001 hat auch Marktoberdorf neben der Ostallgäuer Kunstausstellung Anfang Oktober ein architektonisch ansprechendes »Künstlerhaus« mit allerdings für kleine Bildformate problematischer Ziegelwandstruktur auch im Inneren, das für Gegenwartskunst prädestiniert ist. Und nicht zuletzt macht der Kunstkreis Aichach unter kompetenter Leitung von Andreas Stucken von sich reden.

Mit bekannten Namen wie Miró, Dalí, Hundertwasser oder Ernst Fuchs versucht seit 1999 eine regionale Veranstaltergruppe durchaus erfolgreich Publikumsscharen nach Augsburg zu locken. Dass dabei die Qualität der Exponate unter Kennern mitunter umstritten ist und das Konzept ein wenig abgestanden wirkt, stört die Veranstalter nicht. Das auswärtige Echo heißt: »provinziell«. Aber die Zeitung vor Ort applaudiert. Und: D'Leut kommet ja.

Malerei als Erkenntnis der Realität
mit den Mitteln der Farbe:
Harry Meyer, Hügel im Allgäu, Öl auf
Leinwand, 70 x 140 cm, 2001

Wenn auch in dieser Kultursparte der Akzent auf der Präsentation und Vermittlung von Kunst liegt, so zeigt dies, wie es um die Szene bestellt ist. Natürlich gibt es zahlreiche Künstler – und »Tage der offenen Ateliers« von Augsburg bis ins Allgäu. Seit den 70-er Jahren fanden Symposien statt in Lindau, Gundelfingen, Aichach, Mertingen, Wangen, Wertingen oder die »Westallgäuer Kunsttage« in Lindenberg und Weiler, gibt es Skulpturenwege und -pfade, finden Kollektivausstellungen und Einzelpräsentationen des Berufsverbandes Bildender Künstler statt. Zahlreiche Landkreise und Städte, Sparkassen und Vereine, z. B. die traditionsreiche Künstlervereinigung »Die Ecke« (Augsburg), vergeben mancherlei Kunstpreise. Freilich, die letzten Villa-Romana-Preisträger aus Schwaben waren die Bildhauer Willi Weiner (Zusmarshausen) und Stephan Huber (Lindenberg) – anno 1985 und 1986. Beide leben nicht mehr in Schwaben. Weiner hat sein Atelier in Stuttgart, Huber in München, wo er seine Karriere zu internationalem Rang (u. a. documenta 8, Biennale Venedig 1999) begann. Auch der Füssener Günther Förg hat Schwaben den Rücken gekehrt. Immerhin gibt es im Lande mit Christian Hörl (Ruderatshofen), Bernd Rummert (Konradshofen), Johann Schickinger (Höchstädt), Alf Setzer (Betzigau) oder Stefan Stoll (Bachern) Künstler, die die schwäbische Bildhauertradition guter Namen wie Theo Bechteler (1903–93) zumindest fortzusetzen versprechen. Auch der in Augsburg gebürtige Alfred Görig gehört zu den Plastikern mit überregionaler Bedeutung.

Wenn auch Augsburg zu den ersten Städten gehörte, die bereits 1945 Malerei der Gegenwart zeigten, so ist Schwaben doch kein Zentrum zeitgenössischer Malerei geworden. Karl Kunz blieb für die Nachkriegszeit Ausnahme wie auch der Dillinger Heinz Butz (geb. 1925), der ab 1967 an der Münchner Akademie lehrte, und der zeichnerisch begnadete, farbsensible Georg Bernhard, 1971 an die Fachhochschule Augsburg berufen. Ihm gelang es, mit dem Beuys-Schüler Jonas Hafner oder Joachim Palm auch künstlerisch bedeutende Hochschullehrer nach Augsburg zu verpflichten. Zur regionalen Malerprominenz, die auch überregional von sich reden machte, gehören auch ein Eugen Müller, Herbert Dlouhy (Wertingen), Horst Heilmann (Kempten), der gebürtige Lindauer Karl S. Büchner, Peter Zeiler (Irsee) oder, noch der jüngeren Generation zuzurechnen, der Farbsensualist Norbert Kiening (Diedorf). Als Vertreter der Outsiderkunst haben sich Armin Rienecker und vor allem Wolfgang Hueber (Kaufbeuren) einen Namen gemacht. Der allerdings kurzlebigen Augsburger Künstlergruppe »Freibank« gelang 1990 internationales Aufsehen mit dem »prix jeune peinture étrangère« im Grand Palais Paris. Vor allem Peter Lochmüller und der konzeptuell eigenständige Gerhard Fauser haben sich auch als Einzelkünstler etabliert. Harry Meyer, mehrfach für preiswürdig befunden (zuletzt Helen-Abbott-Förderpreis, Berlin–New York) und Christopher Kochs (auch er vielfacher Preisträger und zuletzt 2001 als Stipendiat in Sidney lebend) haben den Sprung in bedeutende Galerien und den internationalen Kunstmarkt geschafft. Und dies unbeschadet der Tatsache, dass sie in Augsburg leben, einem Ort, der in Sachen zeitgenössischer Bildender Kunst zuletzt nur durch die Provinzposse um Markus Lüpertz' »Aphrodite« Schlagzeilen machte. Neuerdings hat Max Kaminski ein Atelier in Augsburg bezogen.

Museumsspaziergänge. Ein dem »Neuen Museum Nürnberg« (eröffnet 2000) oder gar der »Pinakothek der Moderne« (eröffnet 2002) auch nur annäherungsweise adäquates Haus fehlt in Schwaben. Immerhin gibt es

Das Rieskratermuseum Nördlingen. Das geologische Spezialmuseum über die einzigartige Rieslandschaft ist eine Einrichtung der Stadt Nördlingen, verwaltet von den Staatlichen Naturwissenschaftlichen Sammlungen Bayern. Entstanden als Idee der Rieser Kulturtage.

Römische Vergangenheit zum Anfassen: Erlebnisarchäologie in Kempten. 1983 eröffnete der archäologische Park Cambodunum (Tempelbezirk, Forum). Sonderführungen bringen auch Kindern die römische Geschichte nahe.

jetzt das »Kunstmuseum Walter«. Es präsentiert die Sammlung des Augsburger Bauunternehmers Ignaz Walter im wunderschönen Industriebau des »Glaspalasts«. Große Namen sind unter den 700 Exponaten vertreten: Baselitz, Immendorf, Lüpertz, Penck, Polke, Rainer oder Richter, in der Glassammlung vor allem Egidio Costantini, auch Arp, Braque, Chagall oder Picasso. Das Ziel sei »eine qualitativ hochwertige Sammlung, die einen systematischen und umfassenden Überblick über das künstlerische Schaffen der Nachkriegszeit vermittelt«. Entstanden ist eine reichlich eigenwillige Schau.

In der Museumslandschaft Schwabens dominieren die historisch orientierten Museen, angefangen von den zahlreichen Heimatmuseen, die sich der Ortsgeschichte widmen, auch der Archäologie und römischen Spuren in Kempten, Mindelheim und dem »Römischen Museum« Augsburg, dem »Rieskratermuseum« Nördlingen bis hin zum »Forum schwäbischer Geschichte« im Schloss Höchstätt, nach 15-jähriger Sanierung 2002 eröffnet. Das erfolgreichste der ländlichen Museen Schwabens liegt im Augsburger Südwesten: das Schwäbische Volkskundemuseum Oberschönenfeld in traditionsreicher Umgebung des Zisterzienserinnenklosters. Die Geschichte der Arbeitswelt und Technik präsentieren neben den Bauernhofmuseen (Illerbeuren, Diepolz und Maihingen) das Textilmuseum (Sandtner-Stiftung) Mindelheim und das Schwäbische Turmuhrenmuseum, mit 50 Turmuhren die reichhaltigste und älteste Sammlung Deutschlands, das liebenswerte Hutmuseum Lindenberg oder das Bayerische Eisenbahnmuseum Nördlingen. Das geplante Textilmuseum Augsburg verspricht mit seinen Textilmusterbüchern von europäischem Rang und dem Ortsbezug zur Kammgarnspinnerei ein besonderes Highlight zu werden. Eigenen Rang hat das Architekturmuseum Schwaben im Augsburger Thelottviertel.

Unter den Kunstmuseen ragen heraus die Dependencen der Staatsgalerie in Augsburg und Füssen, die Spätgotik in der »Alpenländischen Galerie« Kempten und die reichen Städtischen Kunstsammlungen Augsburg mit der »Deutschen Barockgalerie«. In den Museumsnischen kann man auch liebenswürdige Besonderheiten entdecken: So präsentiert Füssen in der Städtischen Galerie den skurrilen Franz von Pocci, und in Donauwörth findet sich ein »Käthe-Kruse-Puppenmuseum«. Spaziergänge in die Museen Schwabens lohnen sich allemal, auch wenn die Megamuseen von Weltruf eben nicht an der Günz oder Kammel liegen.

Kulturelle Nischen. Neben den traditionellen Institutionen der Hochkultur, dem Museum, dem Konzertsaal und dem Theater haben sich längst kulturelle Nischen etabliert und andere Kulturformen entwickelt. Dies betrifft einzelne Sparten wie den Film, sind doch die Zeiten, als Augsburg Ort von Erstaufführungen mit Filmprominenz wie Romy Schneider war, längst vorüber. Heute werden die Tage des unabhängigen Films und die Kurzfilmtage Augsburg international beachtet. Weiter das Kabarett (Augsburger Kabarett-Tage) und auch neue Formen des kulturellen Lebens wie die aus der alternativen Jugendkultur erwachsene Szene der Augsburger »Kresslesmühle« unter ihrem rührigen Chef Hansi Ruile mit dem internationalen Festival »La Piazza«. Großevents der heutigen Jugendkultur mit öffentlichen Rock- und Popauftritten wie das Augsburger X-Large sind leider der kommunalen Finanznot zum Opfer gefallen. Beachtenswert sind spezielle Angebote für Kinder, wie die Kinderkulturtage in Memmingen oder die Kinderfilmtage in Augsburg. Insgesamt scheint sich ein kultureller Wandel von der (vielleicht als zu abgehoben erscheinenden) Hochkultur hin zu erlebnisorientierten Angeboten mit Festivalcharakter anzudeuten.

Im Römischen Museum Augsburg (ehemalige Dominikanerkirche St. Magdalena, erbaut 1513–15, barockisiert 1716–24, als Museum eröffnet 1966).

Räumlich stimmiges Ambiente für die Deutsche Barockgalerie: die großzügige Enfilade im Schaezlerpalais Augsburg (1765–1770) beherbergt etwa die »Teilansicht der Piazza San Marco in Venedig« von Canaletto (um 1735).

Alternative Eventkultur. Kaum ein verträumtes Städtchen, kaum ein Kloster, kaum eine halbwegs vorzeigbare Kirche, die nicht schon gar einen Musiksommer anböten. Der kulturbeflissene Schwabe hat die Qual der Wahl bei der fast schon inflationären Sommerkultur von Neuburg bis Irsee, von Schongau bis Roggenburg, von Memmingen (Memminger Meile) bis Füssen. Dazu kommen zahlreiche Festivals der verschiedensten Sparten von Jazz bis Puppenspiel, von der Nacht der Bläsermusik (erstmals am 31. Januar 2003 in Buchloe) bis zur Museumsnacht, vom Literaturprojekt bis zur Barockmusik. Die »Rieser Kulturtage« haben seit 1975 im 2-Jahresrhythmus fast 2.000 Einzelveranstaltungen quer durch alle Kultursparten mit rund 100.000 Besuchern durchgeführt und dabei besonderen Wert auf die Integration behinderter Menschen, die Beteiligung der Jugend und die Ökumene gelegt. Einige der Initiativen erwiesen sich als bleibend wie das Rieskratermuseum, der Freundeskreis Synagoge Hainsfarth, die internationale Rosetti-Gesellschaft und verschiedene Erlebnispfade im Ries.

Chancen einer verträumten Kulturlandschaft. Während mancherorts die Kultur auf VHS-Niveau vor sich hindümpelt im Ländchen des kulturellen Breitensports, stehen Kommunen mit traditionellem Programm der Hochkultur staunend vor dem Paradigmenwandel zur Eventkultur. Im Landesvergleich ist der Bezirk kulturell unterversorgt. Als die Landeshauptstadt und auch Nürnberg mit den Millionen der Privatisierungserlöse ihre ohnehin schon üppige Museumslandschaft ausbauen konnten, ist Schwaben leer ausgegangen. Und bei der Bezuschussung von Kultur-Projekten ist München nun mal deutlich bevorteilt. Die Frage nach Versäumnissen der Landespolitik zu stellen, verbietet sich – nicht im Sinne der Anbiederung in der Hoffnung auf bessere Zeiten – sondern angesichts einmal der leeren Kassen und zum anderen aufgrund der weitergehenden Infragestellung hochsubventionierter Institutionen. Der Mangel an festen Ensembles und großen Häusern, das Fehlen gigantomanischer Kunsthallen und etablierter Großveranstaltungen von Weltruf muss kein Mangel an Kultur sein. In Schwaben treibt sie keine exotischen Orchideenblüten. Aber Kultur blüht in diesem Land mit dem Charme einer naturbelassenen Almwiese. Die spezifischen Chancen für Kultur liegen einmal in den Besonderheiten vor Ort: Ottobeuren ist eben so einmalig wie Leitheim, Irsee oder Lindau. Am exquisiten Ort kann exquisite Kultur gedeihen. Problematisch bleibt die geografische Randlage Schwabens, die große Flächenausdehnung, die historische Uneinheitlichkeit. Hier kann die regionale Vernetzung wie im Ries oder die Nutzung von Synergieeffekten durch Mehrsparten-Events (Irsee) oder Festivals wahre Wunder bewirken. Auch die Hochschulen und Universitäten werden einbezogen in Augsburg oder Irsee, seit langem schon in Lindau mit den international etablierten Psychotherapiewochen im April und der Nobelpreisträgertagung.

So blüht eine eigene Kulturlandschaft mit den Akzenten exquisiter Kulturorte, lokaler Nischenkultur und kultureller Vernetzung zu Festivals und Events in Schwaben. Initiativen wie die Bewerbung Augsburgs als Kulturhauptstadt Europas mag man von außen betrachtet vielleicht ein wenig belächeln. Aber sie wirken allein schon durch die Idee befruchtend auf die kulturellen Aktivitäten vor Ort, stärken die gegenseitige Wahrnehmung und die Bereitschaft zur Kooperation, so dass aus vielen Verknüpfungen ein starkes Netzwerk der Kultur entstehen könnte. Und das mag durchaus eine Chance sein für das, was es im Gegensatz zur Blattlaus auf Grönland und zum Skispringen in Kinshasa wirklich gibt: Kultur in Schwaben. *Andreas Link*

Die Fotografen

Harald Hollo

1948 geboren in Stuttgart, aufgewachsen in Augsburg, verheiratet, drei Kinder. Ausbildung als Schriftsetzer, Meisterprüfung 1972. Auslandsaufenthalt in Zürich und Wien. Studium Grafikdesign an der Werkkunstschule Augsburg; Berufsschulfachlehrer an der Grafischen Akademie München, Bereich Drucktechnik. Mehrjährige Tätigkeit als Lehrbeauftragter an der Fachhochschule Augsburg für Gestaltung und im Prüfungsausschuss der Industrie- und Handelskammer. Seit 1986 geschäftsführender Gesellschafter von Satz und Grafik Partner, Augsburg. Herstellung mehrerer Kunstbücher, u. a. mit Prof. Georg Bernhard, Andreas Bindl, Agnes Keil, Christofer Kochs, Harry Meyer, Eugen Müller, Konrad Oberländer. Letzte Buchherausgabe 2000: »Augsburg – Stadtansichten«.

Helmut Schreiber

Geboren in Eltville/Rheingau. Nach der Oberrealschule in Landsberg/Lech Studium an der Fotoschule in München. Als Werbefotograf in Altenkunstadt und Stuttgart tätig. Mit eigenem Atelier sechs Jahre in Florenz/Italien. Danach in Augsburg, der Heimatstadt der Eltern, Meisterprüfung. Anschließend an der Fachhochschule für Gestaltung sechs Jahre als Fotograf beschäftigt. Reisen nach Portugal (sechs Monate) und immer wieder Italien (Rom, Äolische Inseln). Ausstellungen in Augsburg und Florenz. Lebt glücklich verheiratet gerne in Augsburg.

Herausgeber

Satz und Grafik Partner GmbH, © 2003
Spicherer Straße 1, 86157 Augsburg
Tel. 08 21/3 43 23-0, Fax 08 21/3 43 23-33
E-Mail: hollo@satz-und-grafik-partner.de

Konzeption, Grafik und Herstellung

Harald Hollo,
Satz und Grafik Partner GmbH, Augsburg

Satz und Lithografie

Satz und Grafik Partner GmbH, Augsburg

Titelseite

Foto Neuschwanstein: Getty Images/Merten

Druck und Verarbeitung

Kessler Verlagsdruckerei, Bobingen

Papier

UPM finesse UPM-Kymmene Gruppe
UPM Finesse 300, 150 g/m²

Printed in Germany

MAN Roland
MAN Roland
Druckmaschinen AG
Augsburg

Die Autoren

Prof. Dr. Hans Frei

1937 in Augsburg geboren. Nach dem Abitur Studium der Geographie, Geschichte und Germanistik in München, Staatsexamen für das Lehramt an Gymnasien. Promotion, anschließend wissenschaftlicher Assistent am Geographischen Institut der Universität München. Seit 1970 hauptamtlicher Heimatpfleger des Bezirks Schwaben mit den Schwerpunkten Denkmalpflege, Volkskunde, Kulturlandschaft. Nachhaltiges Engagement für die schwäbische Museumslandschaft. Aus der Verbindung von Traditionspflege und wissenschaftlich fundierter Grundlagenarbeit entwickelte sich die Gründung und Leitung der Bezirksmuseen Oberschönenfeld, Maihingen, Naichen. Herausgeber und Autor zahlreicher Publikationen über Land und Leute Schwabens. Lehrbeauftragter und Honorarprofessor für Kulturgeographie und Landeskunde der Universitäten Augsburg und München.

Gertrud Kellermann

Gertrud Kellermann ist in Augsburg geboren und aufgewachsen. Nach dem Abitur in Erlangen verzichtete sie auf das geplante Pädagogikstudium und heiratete einen Pfarrer. Damit begann eine intensive Zeit mit viel Engagement in der Gemeinde. Nach Jahren in Landshut und später in Oberfranken Rückkehr nach Schwaben. Bald ging das Engagement über die eigene Gemeinde hinaus. Als begeisterte Teamfrau arbeitet sie seit vielen Jahren beim Evangelischen Bildungswerk in der übergemeindlichen Frauenfortbildung mit. Dazu kam, angeregt durch einige Israelreisen, intensive Beschäftigung mit dem Judentum und mit dem Alten Testament. Daraus entwickelte sich die Mitarbeit im Vorstand der Gesellschaft für christlich-jüdische Zusammenarbeit. Daneben soll auch noch Zeit bleiben für die sieben Enkelkinder.

Dr. Rudolf Köppler

1936 in Berlin geboren, Studium der Rechts- und Staatswissenschaften in Berlin und Erlangen. Promotion mit einer Dissertation über die verfassungsrechtliche Stellung der politischen Parteien. Als Oberregierungsrat 1970 und in fünf weiteren Wahlen bis 2002 in das Amt des Oberbürgermeisters der Stadt Günzburg gewählt, zum »Wahlschwaben« mutiert. Als Kreisrat, Bezirksrat, Dozent und Prüfer des Juristennachwuchses Verfasser rechtswissenschaftlicher Bücher und Aufsätze, des weiteren als Belletrist Autor von Gedichten, Satiren, Glossen und Kurzgeschichten.

Eva Leipprand

Geboren 1947 in Erlangen, aufgewachsen in München. Studium (Englisch und Geschichte) in Würzburg und München, dazwischen ein Jahr England. Durch Heirat nach Stuttgart verschlagen. Die 17 Jahre dort teils als Studienrätin, teils mit der Erziehung zweier Kinder verbracht. Seit 1989 in Augsburg, als freie Autorin. Mitarbeit in verschiedenen Bürgerinitiativen, Vorsitzende des Forum Augsburg lebenswert (1994 bis 2002). 1996 bis 2002 Stadträtin, seit 2002 Kulturreferentin und Dritte Bürgermeisterin der Stadt Augsburg.

Andreas Link

1949 in Dachau geboren. Die weltmoralische Katastrofe, die mit dem Geburtsort in die Wiege gelegt ist, sensibilisiert für zwei Interessengebiete: Theologie und Kunst. Studium der evangelischen Theologie, Theaterspiel und Jazz in Neuendettelsau, Tübingen, München und Erlangen. Gemeindedienst in Selb und Fürth. Seit 1984 als Religionslehrer im beruflichen Schulwesen bei der Stadt Augsburg tätig; nebenberuflich Betreiber einer Galerie für zeitgenössische Kunst. Veröffentlichungen zu Themen der Religionspädagogik, Stadtgeschichte, dem Verhältnis von Kirche und Kunst, Kunsttheorie und zu einzelnen Künstlern.

Manuela Mayr

Manuela Mayr, geb. 1954 in Waldshut am Hochrhein. Wunderbare Kindheit in Südbaden, stark geprägt von niederbayerischen Großeltern. Journalistisch tätig seit der Schulzeit. Nach dem Abitur Lehr- und Wanderjahre in Berlin und Venedig. Beruflich »gestrandet« bei der Augsburger Allgemeinen, wo sie als Redakteurin im Ressort »Bayern und Welt« arbeitet. Private Wurzeln hat sie im altbayerischen Kühbach geschlagen. Mit ihrem Mann, einem gebürtigen Ostallgäuer, genießt sie dort in einem früheren bäuerlichen Anwesen, das schon vor dem 30-jährigen Krieg urkundlich erwähnt ist, das Glück, auf dem Lande leben zu dürfen.

Susanne Lorenz-Munkler

Geboren 1961 in Immenstadt, aufgewachsen in Kempten, schon immer Allgäuerin mit Leib und Seele. Nach dem Abitur in Kempten Volontariat bei der Allgäuer Zeitung. 1984 Wohnortwechsel nach Augsburg, wo sie sieben Jahre als Redakteurin bei der Augsburger Allgemeinen gearbeitet hat. Nach der Geburt des ersten Kindes kehrte sie in ihre Heimat zurück. Heute lebt ihre vierköpfige Familie in Krugzell, einem Dorf nördlich von Kempten, wo die Autorin als Freie Journalistin für Tageszeitungen und Magazine arbeitet und textet. Zu ihren Hobbies zählt sie Lesen, Bergsteigen, Skifahren und Reiten. Mann und Kinder sind dabei oft mit von der Partie.

Eduard Ohm

1945 in der bayerischen Grenz- und Frontstadt Neu-Ulm geboren. Lebt heute noch da. Jurastudium in München mit Abstechern in die Kunst- und Theatergeschichte. Anschließend Theater- und Kunstkritiker bei der Neu-Ulmer Zeitung. Bis 1975 Feuilletonredakteur bei der AZ. Seit 1977 Grundschullehrer. Seit 1987 Schulleiter. Nach wie vor auf dem Gebiet der Landes- und Volkskunde publizistisch tätig. Mitherausgeber des »Ulmanachs«, einer Ulmer Anthologie, die ihn als literarisch kundigen Grenzgänger ins Baden-Württembergische ausweist. Ohne in die Tasten heimattümelnder Klaviatur zu greifen, schrieb er Bücher über seine Vaterstadt (»Neu-Ulm – Augenblicke aus dem Leben einer Stadt«) sowie über den Landkreis (»Bei uns daheim«). Auch Autor einer ganzen Reihe von Textbeiträgen in Katalogen von Künstlern aus der Region.

Erich Pawlu

Studiendirektor i. R., Publizist. Geboren 1934 in Frankstadt/Nordmähren, Abitur am hum. Gymnasium Ingolstadt, Studium der Germanistik, Geschichte und Geographie an der Universität München. 1959–1996 Lehrer am Johann-Michael-Sailer-Gymnasium Dillingen. Verfasser zahlloser Satiren, erstveröffentlicht in der Süddeutschen Zeitung, der Neuen Zürcher Zeitung, in Die Welt und in der Frankfurter Rundschau. Rundfunksketche, Schulfunksendungen, Berichte, Reportagen, Feuilletons. Fachbücher für den Deutschunterricht an Gymnasien. Erzähl-, Satiren- und Gedichtbände. Jury-Vorsitzender Kunstpreis Bezirk Schwaben und Literaturwettbewerb der Dillinger Kulturtage. Mehrere Literaturpreise, z. B. Nikolaus-Lenau-Preis für Lyrik. Träger der Achievement Award Medal. Bürgerbrief der Stadt Dillingen.

Alois Sailer

1936 in Lauterbach geboren, katholisch, aus altschwäbischer Familie. Landwirtschaftlicher Schriftsteller und Kreisheimatpfleger. Lebt mit seiner Frau Martha im ererbten Anwesen in Lauterbach. Nach zwei Semestern Landwirtschaftsschule und dem Studium deutscher Literatur, Arbeit für Zeitungen, Zeitschriften, Funk und Fernsehen. Autor zahlreicher Festspiele, wie das »Waaler Passionsspiel« 1969 bis 1970. Bibliophile Arbeiten sind u. a. das mundartliche Lyrik-Werk »Schwäbische Trilogie«, die Erzählungen im »Wasserbirnenbaum« sowie der schriftdeutsche Lyrikband »Späte Amsellieder«. Trotz Ablehnung literarischer Wettbewerbe zahlreiche Auszeichnungen, darunter das Bundesverdienstkreuz am Bande.

Dr. Martha Schad

Dr. Martha Schad ist 1939 in München geboren und in Augsburg zur Schule gegangen. Nach Studienaufenthalten in Cambridge und an der Sorbonne in Paris Heirat und dann begeisterte Mutter von Sohn Albert und Tochter Annette. Ab 1975 wieder in Augsburg, langjährige Stadtführerin, Studium der Geschichte und Kunstgeschichte an der Universität Augsburg und mit der Promotion kam der Einstieg in die »weibliche Seite« der Geschichte. Von den »Frauen des Hauses Fugger«, den »Königinnen Bayerns«, »Kaiserin Elisabeth und ihre Töchter«, »Cosima Wagner und Ludwig II. von Bayern«, »Mathilde Wesendonck« bis zu »Frauen gegen Hitler« und »Hitlers Spionin« reicht das Spektrum ihrer Veröffentlichungen. Seit 2000 ehrenamtliche Heimatpflegerin der Stadt Augsburg und 1. Vorsitzende des Richard Wagner-Verbandes Augsburg.

Thomas Scherer

Von der Augsburger Mutter 1958 in München geboren, deshalb mit den unterschiedlichen Mentalitäten an Lech und Isar durchaus vertraut. Die Liebe zum Journalismus und zum Schreiben hat Thomas Scherer vom Münchner Vater geerbt, die Lust zum raschen Orts-Wechsel selbst entdeckt. Nach Stationen in Berlin und im Bonner Studio des Bayerischen Rundfunks wurde er Lokalchef des Bayerischen Rundfunks in München. Im Jahr 2000 kam die Chance, ein neues BR-Hörfunk-Korrespondenten-Büro in Lindau aufzubauen. »Jetzt lebe und arbeite ich da, wo andere Urlaub machen.« Thomas Scherer ist verheiratet und hat zwei Töchter, deren Vitalität das Schreiben erschwert und das Leben bereichert.

Freddy Schissler

Geboren 1962 in Frankfurt/Main, verheiratet, ein Kind; Abitur in Villingen-Schwenningen im Schwarzwald, Studium der Sozialwissenschaften in Konstanz und Stuttgart. Ein Volontariatsplatz bei der Allgäuer Zeitung/Augsburger Allgemeinen war der Grund für einen Umzug ins Allgäu. Danach folgten knapp fünf Jahre als Redakteur der Memminger Zeitung. Wechsel in die Sport-Redaktion der Allgäuer Zeitung als stellvertretender Ressortleiter; ab 1995 als freier Journalist für verschiedene Zeitungen tätig (u. a. Allgäuer Zeitung/ Augsburger Allgemeine, Stuttgarter Zeitung, Sonntag aktuell, taz, Südkurier, Schwäbische Zeitung). 1996 Rückkehr zur Allgäuer Zeitung – dort inzwischen Ressortleiter der Kulturredaktion und in dieser Funktion noch immer intensiv mit der Stadt Memmingen und ihrer Umgebung beschäftigt.

Dr. Georg Simnacher

1932 als Sohn eines Seilers in Ziemetshausen geboren. Er studierte in München und Erlangen, wo er 1958 promovierte. Der junge Jurist machte schnell Karriere in München als Regierungsbeamter, wechselte Mitte der 60er Jahre in die Politik, wurde 1967 Bayerns jüngster Landrat in Günzburg und 1974 Präsident des schwäbischen Bezirkstags. 2003 ist Simnacher der dienstälteste Bezirkstagspräsident; besonders im sozialen Sektor und im Gesundheitswesen tätig. Entscheidende Anstöße zum Ausbau der psychiatrischen Krankenhäuser zu modernen Kliniken und der Dezentralisierung der Psychiatrie in der Region. Sein Engagement auf dem Gebiet der Denkmalpflege führte zu beachtlichen Restaurierungen (z.B. Kloster Irsee, Thierhaupten, Kurhaustheater Augsburg-Göggingen). Autor mehrerer historischer Studien.

Dr. Wilfried Sponsel

1955 in Heidenheim/Brenz geboren, aber aufgewachsen in Nördlingen. Studium der Fächer ev. Theologie, Philosophie, Erziehungswissenschaften, Geschichte und Psychologie in Tübingen. Nach dem 1. Staatsexamen Referendariatszeit mit Abschluss des 2. Staatsexamens für das höhere Lehramt. 1987 Anstellung als Archivar in den fürstlich oettingischen Archiven Wallerstein und Harburg, berufsbegleitend Besuch der Archivschule am bayerischen Hauptstaatsarchiv. 1991 Abschluß der Promotion an der Universität Augsburg bei Prof. Dr. Pankraz Fried, Lehrstuhl für bayerische und schwäbische Landesgeschichte. Seit 1999 Archivar – und Stadtheimatpfleger – der Stadt Nördlingen. Mitglied in der Schwäbischen Forschungsgemeinschaft sowie Mitarbeit in mehreren Institutionen und Vereinen mit kulturellen Schwerpunkten.

Winfried Striebel

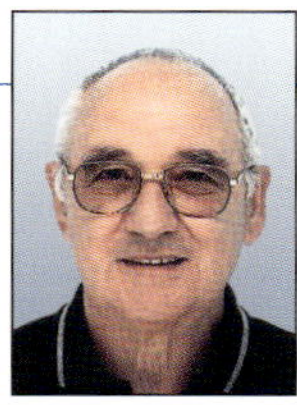

Steckbrief: »Bekennender« Schwabe mit ausgeprägtem Dickschädel, geboren 1932 in Schlingen (Unterallgäu). Aufgewachsen in einer stark von heimatgeschichtlichen Interessen und Initiativen geprägten Lehrerfamilie. Im Elternhaus schon früh mit markanten schwäbischen Köpfen konfrontiert: Sebastian Kneipp, Georg von Frundsberg, Peter Dörfler, Joseph Bernhart, Eugen Jochum, Arthur Maximilian Miller, Irmgard Seefried und vielen anderen. Oberrealschule in Kempten, Ausbildung zum Redakteur in Mindelheim, spätere journalistische Stationen: Bad Wörishofen, Marktoberdorf, Kaufbeuren und Augsburg. Reporter, Ressortleiter, Chefredakteur. Seit 1997 freier Journalist. Berufs- und Lebensmotto: Immer auf dem Boden und nah bei den Menschen bleiben.

Dr. Andrea Zinnecker

1963 geboren in Marktoberdorf/Ostallgäu. Studium der Volkskunde, Germanistik und Kunstgeschichte in Würzburg und Augsburg. Studienaufenthalt in Florenz. 1995 Promotion im Fach Volkskunde mit einer Arbeit über die Rezeption von Wilhelm Heinrich von Riehl, dem Begründer der deutschen Volkskunde, im Nationalsozialismus. Seit 1984 Mitarbeiterin der Bergsteiger-Redaktion des Bayerischen Rundfunks/Hörfunk, seit 1993 Allgäu-Korrespondentin des Bayerischen Rundfunks und Autorin kulturhistorischer Feature.

Sehenswerter Stadt-/Ortskern
Sehenswerte Kirche
Kloster
Schloss, Burg
Schloss-, Burgruine
Synagoge, ehemalige Synagoge
Flughafen
Romantische Straße
Oberschwäbische Barockstraße
Schwäbische Bäderstraße
0 5 10 15 20 km
Hessen
Thüringen
Sachsen
Schwaben
BAYERN
Augsburg
Baden-Württemberg
München
© Bezirk Schwaben, Augsburg
AUGSBURG
INGOLSTADT
MÜNCHEN
Nördlingen
Donauwörth
Dillingen
Günzburg
Neu-Ulm
Ulm
Memmingen
Kempten
Kaufbeuren
Marktoberdorf
Mindelheim
Krumbach
Lindau
Füssen
Sonthofen
Oberstdorf
Immenstadt
Lkr. Donau-Ries
Lkr. Dillingen
Lkr. Günzburg
Lkr. Neu-Ulm
Lkr. Augsburg
Lkr. Aichach-Friedberg
Lkr. Unterallgäu
Lkr. Ostallgäu
Lkr. Oberallgäu
Lkr. Lindau
Bodensee
BADEN-WÜRTTEMBERG
ÖSTERREICH
Oberbayern
Naturpark
Bregenz
Reutte
Garmisch-Partenkirchen
Innsbruck
Landsberg
Dachau
Weilheim
Starnberg
Biberach
Ravensburg
Heidenheim
Aalen